철학이 있는 삶이
성공을 만든다

짐 론 자기계발 시리즈 ❸

정답은 이미 내 안에 있다

# 철학이 있는 삶이 성공을 만든다

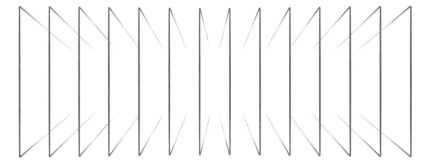

## THE ART OF EXCEPTIONAL LIVING

오아시스
Oasis

# 어떤 사람이 될 것인가

*인생에서 가장 큰 가치는 무엇을 얻느냐가 아니라*
*어떤 사람이 되느냐다.*

·

직장에서 열심히 일하면 생계를 유지할 수 있다. 이것은
내가 새로운 사람으로 변화하는 과정에서 얻은 교훈이다.
그러나 자기 자신에게 그보다 더 많은 노력을 기울이면 부
자가 될 수 있다.

## 시작하기

†

최고로 거듭나기 위한 여정을 시작하기에 앞서, 먼저 동네

한 바퀴를 산책하며 마음을 비워라. 그다음 특별한 삶을 영위하는 데 필요한 모든 답을 찾기 위해 당신의 마음을 탐구하면서 자기 철학을 가다듬는 과정을 시작하라.

내가 당신에게 줄 수 있는 것은 나의 경험에서 비롯된 몇 가지 답변뿐이다. 나머지 답은 이미 당신의 마음속에 있다. 하지만 그 답을 찾으려면 마음을 움직일 수 있는 좋은 책, 영상, 대화, 강연, 노래, 영화 등 수많은 재료가 필요하다.

예를 들어, 직장생활에 있어 가장 중요한 질문은 "나는 여기에서 무엇을 얻고 있는가?"가 아니다. 이때 자신에게 던져야 할 핵심 질문은 "나는 여기에서 어떤 사람이 되고 있는가?"다. 당신을 가치 있게 만드는 것은 '무엇을 얻느냐'가 아니다. 인생에 가치와 의미를 더하는 것은 '어떤 사람이 되느냐'다.

이제 당신의 인생을 긍정적으로 변화시킬 준비를 하라!

# 차례

THE ART OF EXCEPTIONAL LIVING

**1**장

오늘 더 나은
삶을 시작하라

이 책을 읽는 동안 당신은 수많은 아이디어를 접하게 될 것이다. 성공한 사람들이 목표를 달성하고, 부를 쌓고, 삶에서 더 큰 기쁨과 만족을 누리게 해 준 아이디어 말이다. 그것들 가운데 지금 당장 당신에게 도움이 될 몇 가지를 찾을 수 있길 바란다.

안타깝게도 나는 당신을 개인적으로 알지 못한다. 당신이 무엇을 꿈꾸는지, 무슨 문제를 겪고 있는지 알지 못한다. 하지만 다행히도 내가 그것들을 꼭 알 필요는 없다. 곧 당신이 읽게 될 것들이 승리의 기술을 구성하는 기본 원칙이기 때문이다. 장담컨대, 이 책에 담긴 아이디어들이 당신이 가장 열망하는 꿈을 이루도록 도와줄 것이다.

페이지를 넘기면 넘길수록 당신은 이 아이디어들이 당신의 삶에 얼마나 큰 변화를 불러일으킬지, 그 변화가 어떻게 찾아올지 더욱 명확히 깨닫게 될 것이다. 이 기본 원칙들은 내가 만들어 낸 것이 아니라 사회적으로나 경제적으로나 성공한 사람들의 검증을 거친, 믿을 수 있는 원칙이다. 분명 당신에게도 도움이 될 것이다.

## 더 나은 삶을 향해

†

25살, 당시 나는 삶의 방향을 바꿔 줄 새로운 아이디어를 필요로 하고 있었다. 그다지 곤궁한 상황은 아니었으나, 무언가 도움이 필요한 것은 분명했다. 25살 무렵에는 누구나 약간의 도움이 필요한 법이다.

내게 어떤 일이 있었는지 잠시 이야기하고자 한다. 내

인생은 출발이 매우 좋았다. 나는 아이다호주 남서쪽 스네이크강에서 멀지 않은, 주민이 겨우 5,000명가량인 작은 농촌에서 자랐다. 그곳은 어린아이가 자라기에 아주 좋은 환경이었다.

고등학교를 졸업한 뒤에는 대학교를 1년쯤 다녔다. 그러나 나 자신이 충분히 똑똑하다고 생각한 나머지 학교를 그만두고 말았다. 이 결정은 내가 젊은 시절 저지른 여러 가지 큰 실수 중 하나다. 원대한 야망을 품었던 내게는 무엇이든 열심히 하려는 의지가 있었다. 그래서 그때 나는 내가 아무 문제 없이 일자리를 구할 것이라고 믿었다. 다행히도 그 생각은 틀리지 않았고, 나는 꿈과 야망을 가득 품은 채 첫 직장에 다니기 시작했다.

일을 시작한 지 3년쯤 지나 결혼을 했고, 사랑하는 가족에게 많은 것을 약속했다. 그 약속을 지키기 위해 열심히 일했고, 2년 뒤에는 아이도 얻었다. 그렇게 25살이 되어 인생을 새롭게 바라보게 되었다. 당시 내 주급은 57달러에 불과했고, 나는 가족에게 한 약속은 전혀 지키지 못한 채

연체된 청구서를 보며 낙담해 있었다. 내가 이루고자 했던 미래와는 거리가 먼 상황이었다.

나는 열심히 일했고 충분히 노력했다. 내게 큰 문제가 있는 것은 아니었으나 열심히 하는 것 이상의 무언가가 필요함이 분명했다. 나는 주변의 많은 이들처럼 빈털터리 노인이 되어 남의 도움을 받으며 사는 처지가 되고 싶지는 않았다. 세계에서 가장 부유한 나라 미국에서 그렇게 늙어갈 수는 없었다. 당시 나는 삶의 방향을 바꾸기 위해 무엇을 했을까?

우선 나는 학교로 돌아가야겠다고 판단했다. '대학교 1년 재학 후 중퇴'는 이력서에 쓰기에 그리 좋은 내용은 아니었다. 하지만 이미 가정이 있고 아이까지 태어난 상황에 학교로 돌아가는 것은 매우 어려운 결정이었다.

내 사업을 시작하겠다고 마음먹었다. 하지만 내게는 사업을 시작할 만큼의 자금이 없었다. 돈은 내가 겪는 여러 문제 중 하나였다. 월급은 항상 한 달이 다 되기도 전에 바닥났다. 당신도 그런 적이 있지 않은가? 한 번은 10달러를 잃어버린 것 때문에 이틀 동안이나 몸이 아팠다. 몇몇 친구들은 "돈이 절실히 필요한 사람이 주웠을 거야"라며 위로하려 애썼지만, 그 말은 전혀 도움이 되지 않았다. 솔직히 말해서 당시에는 '착하게 살아야 한다', '베풀며 살아야 한다'는 말이 아직 마음에 와닿지 않았을 정도로 궁핍했다. 나는 10달러를 잃어버린 사람이 아닌 우연히 10달러를 주운 사람이고 싶었다.

그렇게 25살의 나는 꿈을 뒤로하고 내 삶을 더 나은 방향으로 바꾸기 위해 무엇을 할 수 있을지 끊임없이 생각했다.

## 뜻밖의 행운

†

행운은 설명하기 어려울 때가 많다. 어째서 특별한 일이 일어나는지 그 이유는 나도 모른다. 그러나 이것만은 확실하다. 내게 찾아온 행운은 매우 특별하고 성공한 한 사람을 만난 일이었다는 사실이다. 내게 찾아온 행운의 이름은 얼 쇼프Earl Shoaf였다. 그를 만나자마자 나는 이렇게 생각했다.

'저분처럼 되기 위해 뭐든지 하겠어. 그러려면 지금 당장 무엇을 해야 할까?'

긴 사연이 있지만, 간단히 말하자면 쇼프 선생님은 나를 마음에 들어 했고, 몇 달 뒤 나를 채용했다. 나는 5년 동안 몇 가지 사업을 도우며 쇼프 선생님 밑에서 일했다. 선생님이 돌아가시기 전까지 나는 그분과 정말 놀라운 5년을 보냈다. 그분이 내게 준 최고의 선물은 단순히 일자리가 아니었다. 그분의 철학, 성공적인 삶을 위한 기본 원칙, 부자가 되는 법, 행복해지는 법에 대한 가르침이야말로 최고의 선물이었다. 그리고 그분의 아이디어는 내게 확실한 효과를 보였다.

나는 내 인생을 변화시킨 사람을 만난 것에 항상 감사한다. 쇼프 선생님이 아직 살아계셨다면 한 번 더 그분을 찾아가 내 인생을 바꾼 아이디어와 영감을 나누어 주신 것에 감사를 표했을 것이다.

나는 부와 행복을 얻기 위한 이 철학을 수년간 비즈니스 파트너들과 나누었고, 그들도 나와 마찬가지로 놀라운 결과를 얻었다. 내 본업은 전문 강연자가 아니라 사업가지만, 한 사람의 인생을 바꿀 수 있는 아이디어를 말로 전하는 이 새로운 도전이 몹시 흥미로웠다. 그리고 이제는 그 아이디어를 당신과 나눌 기회가 생겼다.

## 단 한 가지의 아이디어

†

세상에는 비스니스 아이디어, 사회적 아이디어, 개인적 아이디어 등 다양한 아이디어가 수없이 많다. 우리에게는 다음과 같은 아이디어가 필요하다.

- 좋은 하루를 보내는 아이디어

- 좋은 한 해를 보내는 아이디어

- 올해를 인생 최고의 한 해로 만드는 아이디어

- 건강을 지키는 아이디어

- 좋은 대인관계를 만드는 아이디어

- 가족을 대하는 아이디어

- 판매 관리 아이디어

- 미래에 경제적 자유를 이루기 위한 아이디어

- 그 밖의 더 많은 아이디어


좋은 아이디어를 떠올리기 위해서는 마음을 자극할 필요가 있다. 이 책에서 나는 좋은 아이디어를 최대한 많이 공유하고자 한다. 그것이 당신의 인생을 바꾸는 계기가 될 수 있기 때문이다. 당신에게 필요한 것은 추후에 여러 가지 좋은 아이디어로 발전할 수 있는 단 한 가지의 결정적인 아이디어다.

예를 들어, 좋은 아이디어를 떠올리는 것은 잠금장치의

비밀번호를 누르는 것과 같다. 당신은 잠긴 문을 열기 위해 5~6개의 숫자를 누른다. 문은 아직 열리지 않았지만, 앞으로도 당신에게 숫자가 5~6개나 더 필요한 것은 아니다. 아마 한 개의 숫자만 더 있으면 될 것이다. 그리고 이 책을 읽는 것이 바로 그 마지막 열쇠다. 그 열쇠는 설교일수도, 노래 가사일 수도, 영화에 나오는 대사일 수도, 친구나 멘토와의 대화일 수도 있다. 당신에게 필요한 마지막 조각, 마지막 숫자를 입력하라! 문이 열리면 그곳에 당신을 기다리는 보물이 있다. 이 책을 읽음으로써 당신이 걸어 들어갈 문이 열리는 것이다.

이 책에는 특별한 삶으로 나아가게 하는 문과 창을 열어 줄 많은 아이디어가 담겨 있다. 오늘부터 하나의 아이디어, 하나의 영감만 더 있으면 당신의 인생은 완전히 새로운 방향으로 시작될 수 있다.

# 마음의 미스터리

†

영감을 둘러싼 미스터리를 아는가? 왜 어떤 사람은 영감을 받고, 어떤 사람은 받지 못할까? 당신은 영감을 받아 이 책을 읽고 있지만, 그렇지 않은 사람도 있다. 이러한 미스터리를 이해하는 방법을 아는 사람이 있을까? 우선 나는 모른다. 내가 아는 것은 당신이 어떤 영감을 받았고, 그것을 행동으로 옮겼다는 사실이다.

어떤 사람들은 비용이 너무 많이 들거나 시간이 너무 많이 걸린다는 이유로 영감을 외면한다. 또 어떤 사람들은 너무 바빠서 외면한다. 핑곗거리는 많고도 다양하다. 왜 어떤 사람들은 영감을 받아 기회를 활용하고, 어떤 사람들은 기회를 포기하는가? 이 미스터리의 답을 아는 사람은 아무도 없다. 나는 이것을 '마음의 미스터리mysteries of the mind'라고 부른다. 그리고 더 이상 이해하려 애쓰지 않고 단순하게 받아들인다. 어떤 사람은 영감을 몸소 실천하고 어떤 사람은 그렇게 하지 않는다. 이러한 현상은 이 주제에 대한 내 철학만큼이나 심오하다. 어떤 사람은 받아들이고 어떤 사람은 받아들이지 않는다. 어떤 사람은 앞으로 나아가고 어떤 사람은 나아가지 않는다. 어떤 사람은 변화하고 어떤 사람은 변화하지 않는다.

판매업을 경험한 사람이라면 이 수치를 쉽게 이해할 수 있을 것이다. 10명이 방문하면 3명은 구매하고 7명은 구매하지 않는다. 어떤 사업에 종사하든 비슷한 비율이다. 앞서 들었던 의문은 여전할 것이다. '왜 어떤 사람은 구매하고 어떤 사람은 구매하지 않을까? 이건 훌륭한 제품인데 말이야!'

다시 말하지만, 그 이유는 아무도 모른다. 나는 그것을 미스터리로 남겨 두었다. 예전에는 이해하려고 애썼지만, 이제는 그것이 논리를 넘어설 때도 있다는 사실을 알고 있다.

# 다양한 반응

†

나는 성경 전문가는 아니지만, 기독교 교회가 시작되던 어느 날 장엄한 설교가 있었다고 한다(사도행전 2장 참조). 그설교는 모든 면에서 훌륭하고 뛰어난 발표였다. 사실 역대최고의 발표였다고도 할 수 있다. 이는 일반 대중에게 기독교 교회의 창립을 소개하는 설교였다.

내가 볼 때 가장 흥미로운 부분은 설교를 들은 사람들의 반응이 다양했다는 점이다. 흥미롭지 않은가? 같은 설교를 듣고 어떤 사람들은 당혹스러워했고 어떤 사람들은흥미로워했다. 어떤 사람들은 크게 놀랐고 어떤 사람들은긴밀히 받아들이며 그 아이디어에 전적으로 헌신하기 시작했다.

내게는 이 이야기가 매우 쉽고 간단하게 느껴졌다.

'어떤 사람들은 왜 훌륭하고 진실하며 복잡하지 않은 설교를 듣고도 당혹스러워할까?'

내가 생각하는 최선의 답은 그들이 애초에 당혹스러워

하는 사람이기 때문이다. 그 외에 다른 설명이 있을까?

이 설교를 듣고 조롱하거나 비웃거나 놀리는 사람들도 있었다. '왜 누군가가 진실하고 정직하게 설교하는 모습을 보고 비웃을까?' 이 또한 쉽게 설명할 수 있다. **그들이 조롱하고 비웃는 사람이기 때문이다. 그들에게 그 외에 어떤 반응을 기대할 수 있겠는가?**

예전에 나는 "그러면 안 돼"라며 모든 것을 바로잡으려고 노력했다. 하지만 이제는 그러지 않는다. 마음의 평화를 얻었으며 아기처럼 편하게 잠을 이룰 수 있다. 인생에는 우리가 바로잡을 수 없는 일들이 있다. 예를 들어, 나는 "거짓말쟁이들은 더 이상 거짓말을 해서는 안 돼"라고 말하곤 했다. 하지만 그들은 거짓말을 할 수밖에 없다. 우리가 그들을 거짓말쟁이라고 부르는 것은 바로 그 때문이다. 그들은 거짓말을 한다. 그래서 나는 더 이상 이 문제를 바로잡으려 하지 않는다. '거짓말하지 마라.' 이것은 당신에게는 매우 당연하게 들릴 것이다. 하지만 어떤 사람들에게는 애써 알아야 하고 믿어야 하는 것이 된다. 이것은 인생의 모든 사항을 스스로 통제할 수는 없다는 사실을 깨닫게 한다.

어쨌든 이 장엄한 설교 이후 약 3,000명이 기독교 신자가 되었다. 나는 이 정도면 우리가 이 미스터리를 최대한 이해했다고 생각한다. 같은 설교를 들은 후 어떤 이는 믿고, 어떤 이는 조롱하고, 어떤 이는 비웃고, 어떤 이는 당혹스러워하고, 어떤 이는 무슨 일인지 모르는 이 미스터리. 우리는 이 일을 그대로 받아들여야 한다. 그럴 수밖에 없기 때문이다. 모든 사람은 각자의 기질에 따라 행동하고 반응할 자유 의지가 있다.

내가 아는 바에 따르면, 설교자는 설교가 끝난 후 당혹스러워하는 사람들의 혼란을 해소하기 위한 시간을 갖지 않았다. 당혹스러워하는 사람들은 당혹스러운 채로, 조롱하는 사람들은 조롱하는 채로, 비웃는 사람들은 비웃는 채로 두었다. 믿지 않는 사람들을 회유하거나 그들에게 믿음을 강요하려는 노력은 전혀 없었다.

'사람들이 말씀을 믿지 않으면 어떻게 교회를 세울 수

있지?'라는 의문이 들 것이다. 나는 이렇게 답하고 싶다. 또
다른 설교를 해도 여전히 믿는 사람, 조롱하는 사람, 비웃
는 사람, 무슨 일인지 모르는 사람이 있을 것이다. 결국 그
것이 우리가 할 수 있는 최선이다.

이것이 바로 비즈니스에도 적용할 수 있는 첫 번째 사
항 "영감"이다. 당신이 제품, 믿음, 개념, 계획 등 새로운 것
을 제시하면 누군가는 믿고, 누군가는 조롱하고, 누군가는
비웃고, 누군가는 당혹스러워할 것이다. 이 사실을 받아들
여라. 그리고 그중에서 믿는 사람들에게 집중하라.

믿음을 갖고 여기까지 읽어 주어 매우 기쁘다. 앞으로
이 책에서 더 많은 영감을 얻으리라 믿는다.

## 네 가지 훌륭한 아이디어

†

다음은 특별한 삶을 살기로 선택할 때 꼭 실행해야 할 사

항이다. 각각을 마음에 새기기 바란다.

**①감사하라.**

**②경청하라.**

**③좋은 학생이 되어라.**

**④추종자가 되지 말라.**

### 첫째, 감사하라

이미 가진 것에 감사하라. 요즘 같은 시대에는 어디서든 필요한 모든 것을 구할 수 있다. 나는 미국에 살고 있는데, 전 세계 사람들이 이 나라 미국으로 건너와 살고 싶어한다. 세계 어느 나라에 이민 가려고 하든 미국보다 더 많은 계획을 필요로 하는 곳은 없을 것이다. 그 이유는 무엇일까? 여기서는 모든 것을 구할 수 있기 때문이다. 이곳에는 책, 강연, 학교, 가르침, 영감, 자본, 시장, 도전, 정보, 자유 등 필요한 모든 것이 있다. 모든 것을 구할 수 있는 곳, 그곳이 바로 미국이다. 다행히 지금은 전 세계 어디든 비슷한 수준을 갖추고 있는 듯하다. 그러니 당신도 이미 가진 것에 감사하라.

감사는 우리가 되고 싶은 무엇이든 될 수 있도록 문을 열어 준다. 더 많은 것을 받을 수 있는데 문, 창문, 통로를 잠그는 것은 냉소주의다. 냉소적인 태도는 시장, 사람, 제도, 경제에 대해, 자신과 자신에게 주어진 기회에 대해 더 많은 것을 배우지 못하도록 가로막고 결국 스스로를 가두도록 한다. 냉소주의와 감사하지 않는 마음은 감사할 때 흘러넘칠 수 있는 모든 좋은 것을 가두고 만다. 그러니 오늘, 그리고 매일 감사하는 마음을 가져라.

### 둘째, 경청하라

경청은 때때로 매우 어려운 일이 될 수도 있다. 이해한다. 지루하고 재미없는 사람, 잘난 척하며 떠벌리는 사람, 매사에 비관적인 사람 등 이런 사람들의 이야기를 듣는 것은 분명 힘든 일이다. 하지만 재미없는 최악의 대화나 강연, 설교에서도 뜻밖의 배움을 얻을 수 있는 경우가 많다. 말하는 사람에 대한 적절한 존중을 보이는 것은 당신의 품성과 진실성의 수준을 나타낸다. 말하는 사람에게 귀를 기울이고 그 사람이 하는 말을 실제로 잘 들어 보라. 결코 후회하지 않을 것이다.

### 셋째, 좋은 학생이 되어라

나는 당신을 즐겁게 해 주기 위해 이 책을 쓴 것이 아니다. 당신을 재미있게 해 줄 그럴듯한 볼거리도 없다. 내가 가진 것은 당신과 나눌 몇 가지 훌륭한 생각뿐이다. 기억하고 싶은 내용을 메모하고 중요한 문장에 밑줄을 쳐라. 여러 번 읽고 싶은 문단에 강조 표시를 하고 여백에 필요한 내용을 메모해라. 이 책은 그렇게 써도 괜찮다.

수년 전 로스앤젤레스에서 세미나를 열었는데 그 자리에 참석했던 한 남자가 강연을 들으며 작성한 메모를 내게 보여 주면서 이렇게 말했다.

"저는 21년 전에 적은 이 메모들을 지금까지도 사업과 가족 관계에 적용하고 있습니다."

어떤 생각이 드는가? 이제 당신도 책을 읽을 때마다 메모하라. 그 메모는 언제든 가치 있게 활용될 것이다. 내가 이 책에 쏟은 시간, 노력, 에너지가 당신에게 도움이 되기를 바란다. 내가 이 책을 통해 보람을 얻는 방법 중 하나는 바로 당신이 이 책을 읽으며 느낀 것을 메모한 뒤 삶에 적용하는 것이다.

나는 수년 동안 청중에게 강연하며 많은 사람에게 감사 인사를 받았다. 사람들은 6주, 6개월, 6년 후 전화, 편지, 개인적인 연락을 통해 다음과 같은 메시지를 전해 왔다.

"감사합니다! 선생님의 이야기를 통해 많은 생각을 하게 되었고 변화를 시작했습니다."

"선생님의 강연을 들은 뒤 제 사업에 어떤 일이 일어났는지 말씀드리고 싶습니다."

"선생님 덕분에 제 영업 커리어가 어떻게 바뀌었는지 아십니까!"

"덕분에 가족과의 관계를 개선할 수 있었습니다."

이러한 감상은 내 삶을 가치 있게 만들어 준다. 중요한 것은 돈이 아니다. 다른 사람을 돕는 것에는 돈으로 살 수 없는 귀중한 가치가 있다. "제 삶을 변화시키는 데 시간을 투자해 주셔서 감사합니다"라는 말을 듣는 것, 내게는 이 것이 가장 중요하다.

### 넷째, 추종자가 되지 말라

나는 제자를 구하지 않는다. 따라서 내게 배우기 위해 당신이 참여해야 할 "활동" 같은 것은 없다. 나는 그저 최선을 다해 내 경험과 좋은 아이디어를 공유할 뿐이다. 그렇지만 그것은 훌륭한 조언이다.

추종자가 되지 말고 학생이 되어라. 조언을 받아들이되 명령은 받아들이지 말라. 정보를 얻되 다른 사람이 당신의 인생을 지시하게 두지 마라. 스스로 내린 결론에 따라 행동하라. (이것은 밑줄을 칠 만큼 훌륭한 내용이다!) 다른 사람의 말을 생각 없이 따르지 마라. 거듭 생각하고 숙고하라. 궁금하게 만들고 생각하게 만든다면 그것은 가치 있는 말이다. 행동을 취할 때는 다른 사람이 시키는 대로 하고 있는 것은 아닌지 점검하라. 그 행동이 스스로 내린 결론의 산

물이 되도록 하라.

이 간단한 지침 중 몇 가지만 지켜도 빠르고 효과적으로 배움을 얻을 수 있다. 그다음에는 학습 곡선을 빠르게 오른 뒤 사업, 인생, 가족, 대화, 각종 자산에 이를 적용할 수 있을 것이다. 내가 기꺼이 가르침을 나눠 준 선생님을 만나 5년 동안 발전을 이룬 것처럼 당신도 놀라운 발전을 이룰 것이다. 나는 그분의 가르침으로 인생을 바꿀 수 있었고, 믿을 수 없을 만큼 큰 발전을 이루었다.

## 핵심 개념과 키워드

†

이 장에서 논의할 모든 아이디어는 중요한 몇 가지 핵심 개념에서 비롯된다. 이 책에서 최대한의 가치를 얻고 부와 행복을 크게 늘리려면 이 키워드를 이해하는 것이 매우 중요하다.

첫 번째 키워드는 '펀더멘털fundamental', 즉 '기본 원칙'이다. 이는 우리가 더 큰 성공을 추구할 때 주목해야만 하는 중요한 문제를 생각해 보도록 한다. 또한 삶을 윤택하게 만드는 중요한 키워드이며, 성취, 생산성, 성공, 라이프스타일의 토대를 구축한다.

펀더멘털은 모든 것의 시작, 기초, 현실을 형성하며, 확고하게 정립되어 오랜 시간에 걸쳐 입증된 원칙이다. 따라서 '새로운 펀더멘털'이라는 것은 없다. 그런 것이 있다고 주장하는 사람을 조심하라. 새로운 펀더멘털이라는 말은 골동품을 새로 만들어 낸다고 주장하는 것과 마찬가지다. 그런 터무니없는 주장은 의심해야만 한다.

다시 말하지만, 펀더멘털은 기본 원칙이다. 풍요롭고 행복한 삶을 원한다면 펀더멘털을 이해하고 일상에서 그것을 지켜나가는 것이 매우 중요하다.

그리고 성공하기 위해 특별한 해답을 찾을 필요가 없다는 점을 덧붙이고 싶다. 성공은 하늘에서 뚝 떨어지는 것이 아니다. 어떤 미스터리도, 어떤 기적도 없다. 성공은 펀더멘털을 일관되게 실천하면 자연스럽게 따라오는 결과일 뿐이다. 이를 잘 나타내는 격언이 있다.

"성공하기 위해 비범한 일을 할 필요는 없다. 그저 평범한 일을 뛰어나게 잘하면 된다."

내 스승인 쇼프 선생님은 내가 평생 간직할 훌륭한 말씀을 많이 해 주셨다. 그중 하나는 바로 이것이다.

"차이의 80퍼센트를 만드는 요인에는 6가지가 있다."

6가지 요인, 이것은 실로 중요한 통찰이다. 건강, 부, 개인 목표, 전문 기업 등 무엇을 추구하며 노력하든, 궁극적인 성공과 피할 수 없는 실패의 차이는 이 6가지 요인을 얼마나 적극적으로 찾고, 탐구하고, 실천하는가에 달려 있다.

두 번째 키워드는 부wealth다. 부는 다양한 이미지를 떠올리게 하는 단어다. 내가 이 책을 쓴 목적 중 하나는 독자들의 마음속에서 다양한 이미지가 떠오르도록 자극하는 데 있다. 그러한 정신적 이미지에서 꿈이 생겨나고, 영감이 떠오르고, 진정한 동기가 비롯되기 때문이다. 정신적 이미지의 신비와 조합은 삶의 재료이자 양식이다. 정신적 이미지를 올바르게, 지속적으로 사용하면 풍요롭고 특별한 삶을 이룰 수 있다.

어떤 사람들에게 부는 하고 싶은 일을 마음껏 할 수 있는 충분한 재정적 자원을 의미한다. 어떤 사람들에게는 빚으로부터의 자유, 끊임없는 의무로부터의 자유를 의미한다. 또 누군가에게는 기회를 의미한다. 그리고 많은 사람에게 부는 백만 달러를 의미한다. '백만장자'는 독특한 단어다. 자유, 권력, 영향력, 즐거움, 가능성, 자선, 흥분 등과 같이 성공을 알리는 신호이며, 나쁘지 않은 정신적 이미지다.

부는 삶의 질을 향상시키고 품위 있고 확장된 일상을 제공하는 막대한 재정적 자원을 소유하는 것이다.

당신에게 부가 어떤 의미인지 생각해 보고, 부에 대한 당신만의 정신적 이미지를 형성하라. 그다음 내가 제시하려는 아이디어가 타당한지 살펴보고, 그 아이디어가 계획을 실행할 정도의 영감을 제공하는지, 그래서 날이 갈수록 자유, 존엄, 자존감, 본질, 일상이 확대되는지 확인하라.

다음 키워드는 대다수의 사람이 보편적으로 추구하는 목표인 행복happiness이다. 행복은 긍정적인 활동의 결과로 생기는 기쁨을 의미한다. 부와 마찬가지로 행복에도 다양한 의미와 해석이 있다. 행복은 발견의 기쁨이자 앎의 기쁨이다. 삶, 색깔, 소리, 조화를 폭넓게 인식한 결과이며, 삶을 디자인하고 잘 사는 기술을 실천하는 데서 비롯되는 즐거움이다. 행복은 삶이 주는 다양한 제안을 인식하고, 반응하고, 즐기며 탐구할 줄 아는 것이다. 또 행복은 받는 것이자 나누는 것이며, 거두는 것이자 베푸는 것이다. 음식뿐만 아니라 화합을, 빵뿐만 아니라 아이디어를 즐길 수 있는 마음가짐이다.

하지만 대부분의 사람에게 행복은 이미 지나간 일이나 아직 일어나지 않은 일을 의미하는 듯하다. 삶에서 누리는 모든 좋은 일들과 마찬가지로 행복은 본래 규정하기 어렵지만, 아주 붙잡을 수 없는 것은 아니다.

우리 삶에 기쁨을 가져오는 중요한 열쇠는 규율discipline 에 있다. 규율은 생각과 성취, 영감과 가치 실현, 필요와 생산성을 이어주는 다리다. 모든 좋은 것은 상류로 향한다는 사실을 기억하라. 시간이 흐르면 우리는 표류하게 되고, 표류는 부정적인 결과, 비참한 결과, 실망스러운 결과, 실패하는 결과를 가져올 뿐이다. 규율은 부, 행복, 세련미, 문화, 높은 자부심, 긍지, 기쁨, 성취, 만족, 성공으로 향하는 모든 문을 열어 주는 열쇠와 같다. 규율은 모든 좋은 것을 가져오는 시작이자 지속적인 과정이다. 누구나 그 과정을 시작할 수 있다는 사실을 기억하라. 규율은 할 수 있으면 하겠다는 태도가 아니다. 하려는 의지를 갖고 할 수 있다고 생각하는 태도다.

그러므로 새로운 프로세스를 시작하라. 작은 것이라도 좋다. 우리는 언제든 새로운 습관을 시작할 수 있다. 크고 작고는 중요하지 않다. 시작하는가 시작하지 않는가, 지속하는가 지속하지 않는가, 이것이 중요하다. 부유한 삶을 위해 계획을 실행하라.

그리고 긍정에 의해 약해지지 마라. 진정으로 준비된 것에 대해서만 긍정하라. 많은 사람이 실제 일상은 긍정과는 정반대로 나아가고 있는데, '나는 변화하고 발전하고 있어'라고 되뇌며 스스로를 약해지게 만든다. 왜 자신의 꿈과 반대로 가는가? 왜 부를 꿈꾸면서 매일 재정 파탄으로 향하는가? 왜 행복을 바라면서 절망으로 이어지는 생각과 행동을 계속하는가? 번영하는 삶을 살고자 한다면 번영하는 계획을 시작하라. 부자가 되려면 부유해지는 계획을 시작하라. 기억하라, 지금 부자가 아니어도 얼마든지 부유해지는 계획을 세울 수 있다.

## 바로 오늘 시작되는 더 나은 삶

†

오히려 가진 것이 없는 사람이 더 풍부한 계획을 세울 수 있다. 몸이 아프다면 건강 계획을 시작하라. 에너지가 없다면 에너지를 충전할 계획을 시작하라. 기분이 좋지 않다면 기분을 전환할 계획을 시작하라. 똑똑하지 않다면 똑똑해지는 계획을 시작하라. 무언가를 할 수 없다면 할 수 있는 계획을 시작하라. 무언가를 갖고 있지 않다면 손에 넣는 계획을 시작하라. 누구나 계획을 시작할 수 있다.

더 나은 삶, 더 행복한 삶, 더 풍족한 삶의 시작점은 바로 오늘이라는 사실을 인식하라. 얼마나 신나고 설레는 일인가! 과정과 결과 모두 오늘 얻을 수 있다. 그러니 새로운 아이디어가 떠올랐다면 그 아이디어를 바로 실행에 옮겨라. 오늘부터 새로운 삶을 위한 장기적이고 바쁘고 신나는 여정을 시작하라.

오늘부터 서재를 채울 첫 번째 책을 구입하라. 오늘부터 목표 설정이라는 새로운 습관을 시작하라. 오늘부터 책상 서랍을 정리하라. 오늘부터 하루에 사과 한 알을 먹는 새로운 건강 계획을 시작하라. 오늘부터 자산 마련을 위해 투자 계좌에 돈을 입금하라. 오늘부터 마음의 부를 쌓기 위해 집중해서 책을 읽어라.

미뤄 둔 편지를 오늘 써라. 미뤄 둔 전화를 오늘 걸어라. 오늘부터 카메라를 들고 사진을 찍어라. 더 나은 삶을 위해 새로운 약속에 추진력을 더하라. 당신이 첫날 얼마나 많은 활동을 해낼 수 있는지 살펴보라. 우리를 아래로 끌어내리는 부정적인 힘에서 벗어나 전력을 다하라. 추진기를 작동시켜라. 기다림은 끝났고, 희망은 지나갔다. 이제 믿음과 행동으로 스스로를 책임진다는 사실을 증명해 보여라.

이제 새로운 삶을 위한 새로운 날, 새로운 시작이다. 이런 날에 규율을 따르며 할 수 있는 긍정적인 일들을 살펴보면 믿을 수 없을 만큼 놀라울 것이다.

잃을 것은 절망과 두려움, 죄책감뿐이다. 불만과 불행, 성취의 결여뿐이다. 좌절과 낮은 자존감뿐이다. 당신이 이미 성공을 거둔 사람일지라도 자신의 새로운 탄생을 위해 힘쓰며 큰 기쁨을 느끼기 바란다. 성경 말씀처럼 당신은 "독수리와 함께 날아오를" 준비가 되어 있으며, 이 장에서 논의하는 마지막 핵심 개념인 성공을 향한 여정을 시작하게 될 것이다.

성공은 여정이자 목적지이며, 목표를 향한 꾸준한 전진이자 목표의 달성이다. 성공은 크든 작든 성취하는 것이다. 그리고 삶 전체에 내재된 잠재력과 힘을 이해하는 것이다. 성공은 가치를 인식하는 것이며, 규율을 통해 가치를 함양하는 것이다. 성공은 유형일 수도, 무형일 수도 있다.

성공은 무언가에서 벗어나 다른 무언가로 향하는 과정이다. 비非운동에서 운동으로, 사탕에서 과일로, 비투자에서 투자로 향하는 것처럼 말이다. 성공은 변화하는 것, 성장하는 것, 발전하는 것, 스스로 원하는 사람이 되는 것, 더 나은 곳으로 향하는 초대에 응하는 것이다. 하지만 무엇보다도 성공은 모든 가능성과 사례를 고려하여 자신이 원하는 삶을 만드는 것이다.

당신은 삶에서 무엇을 이루길 원하는가? 이것이 가장 중요한 질문이다.

성공은 문화적으로 설정된 일련의 기준이 아니라 명확히 정의되고 궁극적으로 달성된 개인 가치의 집합이라는 점을 기억하라. 성공은 당신의 더 나은 삶이자 당신의 의도이며 당신이 성취한 꿈이다.

당신의 삶을 당신이 원하는 모습으로 만드는 것, 그것이 바로 성공이다.

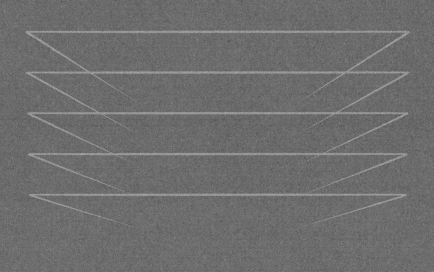

THE ART OF EXCEPTIONAL LIVING

# 2 장

# 자기 철학의
# 중요성

특별한 삶에는 창의적인 아이디어와 행동을 낳는 확고한 철학적 토대가 있다. 이번 장에서는 확고한 자기 철학과 빈약한 자기 철학의 차이를 살펴보고, 이것들이 각각 성공 혹은 실패라는 궁극적인 운명과 어떻게 연관되는지 설명하고자 한다.

철학은 삶이 어떻게 펼쳐질지 결정하는 주요 요인이다. 자신의 철학을 형성하려면 생각하고, 머리를 쓰고, 아이디어를 다뤄야 한다. 이 모든 과정은 어릴 때 시작되어 평생 이어진다. 삶의 철학에는 학교, 부모님의 영향뿐 아니라 경험을 통해 배우거나 접한 내용 역시 포함된다. 스스로 생각하여 처리하는 모든 것이 당신의 철학을 발전시킨다. 그리고 내가 볼 때 각 개인의 철학은 삶이 어떻게 펼쳐질지 좌우하는 주요 요인이다.

## 돛을 펼쳐라

†

각 개인의 철학은 돛과 같다. 당신에게는 인생의 항로를 설정할 수 있는 능력과 기회가 있다.

예전에 나는 주변 상황이 내 삶을 지배한다고 생각했다. 25살의 내게 누군가가 이런 질문을 했다고 치자.

"론 씨, 당신은 어쩜 그렇게 일이 안 풀립니까? 주머니에는 동전 몇 푼밖에 없고, 채권자들은 빚을 갚으라고 독촉하고, 은행 잔고는 0원이고, 가족에게 한 약속은 지키지 못하고 있어요. 당신은 미국에 살고 있습니다. 25살이고요. 멋진 가족이 있고 잘해야 할 이유가 있죠. 그런데 상황은 그렇게 좋아 보이지 않네요. 대체 무슨 일입니까?"

당시 나는 "제 철학은 형편없어요. 그래서 주머니에는 동전 몇 푼이 전부고 계좌에는 아무것도 없는 거죠. 형편없는 철학을 갖고 살아서 일이 잘 풀리지 않는 거예요"라고 대답할 생각은 하지 못했다. 정부를 탓하고 세금 문제를 탓하는 편이 훨씬 쉬웠다. 나는 "세금이 너무 많이 나와. 세율이 너무 높아서 내 상황이 나아지지 않는 거야"라고 말하곤 했다. 내가 처음 세금을 내기 시작했을 때 최고세율은 91퍼센트였다. 당시에는 개인 소득이 특정 수준 이상이면 기준을 넘는 소득에 91퍼센트의 세율이 적용되었다. 그런데 최고세율이 약 33퍼센트인 지금도 사람들은 여전히 세금이 너무 높다고 말한다. 이제 더 이상 그런 핑계를 대서는 안 된다. 세율이 91퍼센트에서 33퍼센트까지 낮아졌지 않은가? 자, 현실을 직시하기 바란다.

그래서 나는 세금 핑계를 멀리 던져 버렸다. 뿐만 아니라 예전에 나는 교통이나 날씨를 탓하며 주변 상황에 화살을 돌리곤 했다. 회사를 탓하고 회사 정책을 탓하는 것이 더 나았다. "겨우 이 정도 월급을 주면서 어떻게 내가 더 잘하기를 바랄 수 있지?"라고 말하곤 했다. 나는 내 미래가 경제와 이자율을 비롯해 다른 사람들이 정해 놓은 상황에 묶여 있다고 생각했다. 그리고 모든 것에 너무 많은 비용이 든다고 말하곤 했다.

나는 늘 이런 식으로 인생의 운을 설명했고, 사람들은 내게 너무 크다, 너무 작다, 너무 나이가 많다 등 이런저런 판단을 내렸다. 나는 가난한 시골 농장에서 존재감 없이 자랐고 그 모든 요소가 나의 성공을 방해한다고 생각했다.

그러나 모든 것은 옳고 그름을 나타내는 징후다. 어떤 일의 결과는 우리의 철학이 잘못 선택됐다는 신호일 수도, 중요한 무언가를 잘못 읽거나 잘못 이해하거나 잘못 계산하고 있다는 표시일 수도 있다. 그러니 무시하지 않는 것이 현명하다.

개개인의 철학에서 흥미로운 점은 무엇일까? 우리 인간이 개, 고양이, 새, 거미, 악어 등의 동물, 즉 다른 생명체와 다른 점은 무엇일까? 바로 본능이 아닌 이성을 통해 생각하는 능력, 정신을 사용하는 능력, 아이디어를 처리하는 능력이 있다는 것이다.

겨울이 되면 거위는 남쪽으로 날아간다. 그런데 만약 남쪽의 상황이 그리 좋지 않다면 어떻게 할까? 안타깝지만 어쩔 수 없는 일이다. 거위는 남쪽으로만 날 수 있기 때문이다. 하지만 인간은 그런 거위와는 다르다. 우리는 동서남북 어느 쪽으로도 갈 수 있다. 우리는 삶의 모든 과정을 지배할 수 있다.

마찬가지로 당신은 마음먹은 대로 삶의 모든 과정을 지배할 수 있다. 떠오른 아이디어를 실현하고 더 나은 철학과 더 나은 전략을 생각해 냄으로써 마음을 단련할 수 있다. 미래의 목표를 설정하고 그 목표를 달성하기 위한 계획을 세울 수 있다. 이 모든 것은 자기 철학을 발전시키는 데서 비롯된다.

# 인생의 기적

†

철학은 자기 고유의 철학을 발전시키는 데 사용할 수 있는 것과 사용해야만 하는 것을 처리하는 데 도움이 된다. 어떤 의미에서 우리는 모두 씨앗, 토양, 비, 햇빛, 계절 등의 요소를 이미 가지고 있다. 중요한 것은 '그러한 요소로 무엇을 하는가'다. 어떻게 하면 이 요소들을 자산, 약속, 라이프스타일, 꿈, 미래의 가능성으로 전환할 수 있을까? 그것은 당신의 자기 철학, 그리고 다음의 질문에 대한 답에서 시작된다.

- 당신에게 있어 씨앗은 무엇인가?
- 당신에게 있어 토양은 무엇인가?
- 당신에게 있어 비는 무엇인가?
- 당신에게 있어 햇빛은 무엇인가?
- 지금 당신은 어떤 계절을 지나고 있는가?

당신은 이 모든 요소를 당신만의 가치와 자양분으로 바꿀 수 있는가? 다른 이들은 할 수 없는 대단하고 특별한 무언가로 바꿀 수 있는가? 내 대답은 '물론 그렇다!'다. 하지만 자기 철학을 가다듬고 확립하지 않는다면 그 무엇도 할 수 없다. 생각하고, 지성을 발휘하고, 새로운 아이디어를 떠올리고, 자기 철학을 강화해야 한다.

씨앗, 토양, 비, 햇빛은 경제, 은행, 금융 자원, 학교, 정보, 그리고 그 외의 이용 가능한 모든 기회를 말한다. 정보를 처리하고 이 정보를 어떻게 활용할지 고민하는 것, 그것이 각자의 밑바탕을 자산과 가치로 환산하는 핵심이다. 개인적으로 나는 이것이 인생의 가장 큰 과제라고 생각한다.

우리는 모두 자기 철학에 따라 씨앗, 토양, 햇빛, 비, 계절의 변화로 무엇을 할 것인지 결정한다. 그건 꼭 기적과 같다. 각자의 개인 철학은 돛이나 다름없다. 이번 장의 목적은 당신이 돛을 잘 다듬고 펼칠 수 있도록 돕는 것이다. 더 좋은 여건, 더 많은 돈이 필요한 것이 아니다. 더 좋은 씨앗과 토양도 필요하지 않다. 사실 씨앗, 토양, 비, 햇빛,

계절, 삶의 기적에 대해서는 이것이 전부다.

경제를 탓하고, 학교와 선생님을 탓하고, 설교와 설교자를 탓하고, 시장을 탓하고, 회사와 회사의 정책을 탓한 뒤에는 무엇이 남을까? 당신은 당신이 가진 모든 것, 즉 모든 기회를 탓하고 있는 셈이다. 비난 목록을 다 채우고 나면 비난거리 외에는 아무것도 남지 않는다.

주어진 모든 상황을 비난하고 있다면 엄청난 실수를 저지르는 것이다. 지금이라도 해야 하는 일의 가치를 이해한다면 주어진 것들을 활용하여 상황을 더욱 유리하게 바꿀 수 있다. 원한다면 어디든 여행할 수 있는 것처럼 말이다. 자기 철학을 바꾸고 당신이 이미 가진 것을 적절히 활용하면 특별한 삶을 살 수 있다.

25살의 나는 무엇을 해야 했을까? 마음을 바꾸고, 생각을 바꾸고, 철학을 바꾸어야 했다. 나는 내 문제의 원인이 무엇인지 알지 못해 혼란스러웠다. 그러던 중 정부와 세금, 시장과 경제, 너무 높은 물가, 부정적인 친척, 냉소적인 이웃 등에 대한 비난을 멈추고 진짜 문제인 나에게 집중하자 삶이 폭발적으로 바뀌기 시작했다. 잔고가 즉시 바뀌었고, 수입도 늘어났다. 그리고 삶 전체가 완전히 새로운 모습과 색깔을 띠게 되었다. 변화에서 비롯된 결과가 매우 좋았으므로 나는 지금까지도 그 과정을 한 번도 멈춘 적이 없다.

더 나은 항해를 위해 조금만 숙고하고 마음을 가다듬는다면 오늘부터 인생 전체가 바뀔 수 있다. 내일까지 기다릴 필요도 없다. 당신은 이 모든 것을 즉시 실행할 수 있는 사람이다. 부디 그렇게 하기를 바란다.

# 철학 다듬기

†

어떤 사람들은 원하는 방향으로 가기는커녕 돛을 올리려고 하지도 않을 만큼 자신의 항해에 대한 의견이 없다. 그런 사람들이 일주일 뒤, 한 달 뒤, 일 년 뒤 어디에 도달할지 상상할 수 있겠는가?

자기 철학의 중요성에 대해 충분히 이야기했으니 이제 당신이 바뀔 때다. 당신을 꿈꾸던 곳으로 데려갈 철학, 되고 싶은 사람으로 만들어 줄 철학, 여러 세대에 걸쳐 이어질 유산을 남길 수 있는 철학으로 말이다.

예를 들어, 내 아버지는 88세에도 여전히 일하셨고, 평생 아픈 곳 없이 건강하셨다. 오래전 고향에 방문했을 때, 아버지와 나는 새 우물을 파고 수천 제곱미터의 땅을 갈았다. 아버지는 그 일을 하며 즐거워하셨다. 한밤중이 되어 지친 나는 잘 준비를 했지만, 아버지는 쌩쌩하게 야식까지 드실 정도였다. 야식 메뉴가 무엇이었는지 아는가? 사과 한 개, 통밀 크래커 조금, 자몽 주스 한 잔이었다. 당연하게도 아버지는 항상 건강하셨다.

나는 어릴 때부터 어머니께 건강하게 사는 방법을 배웠다. 덕분에 얼마 전 오십 대에 접어들었는데도 아직까지 크게 아픈 적이 없었다. 삼십 대인 두 딸도 아픈 곳 없이 건강하고, 손자들도 마찬가지다. 건강한 식습관의 유산이 이어지고 있는 것이다.

야식을 드시는 아버지를 보며 나는 "매일 사과를 한 개씩 먹으면 의사를 멀리할 수 있다"라는 옛말이 떠올랐다. 그것이 사실이라면 어떻게 해야 할까? 당신은 "그게 사실이라면 누구나 쉽게 건강해지겠어요. 뭐가 문제죠?"라고 물을 것이다. 하지만 새로운 습관이나 마음가짐을 받아들이는 것은 생각처럼 쉽지 않다. 반면 "하루에 초코바 한 개씩 먹기"는 어떤가? 안 될 말이다. 자기 철학을 다듬을 때는 현명해야 한다. 하루에 사과 한 알을 먹어야 한다는 사실을 알면서도 초코바나 그 밖의 일상적인 유혹에 넘어가지 마라.

## 실패 공식을 반복하지 마라

†

실패의 정의에는 여러 가지가 있겠지만, 분명 6년 동안 매일 같은 판단 오류를 반복하는 것도 포함될 것이다. "하루에 초코바 한 개씩 먹기" 같은 판단 오류를 6년 동안 매일 저지른다면 장담컨대 그것이 누적되어 재앙으로 이어질 것이다.

첫 주에는 '나는 지금 충분히 건강해. 고작 초코바 하나 먹는다고 뭐가 달라지겠어'라고 생각할 수도 있다. 우리는 그보다 더 현명해야 한다. 첫날이나 첫 주, 첫 달에 아무 일도 일어나지 않았다고 해서 재앙이 영영 오지 않는 것은 아니다. 더 멀리 내다보며 이렇게 생각해야 한다. '지금 내가 내린 결정에 오류가 있지는 않을까? 만약 있다면 그것으로 인해 6주, 6개월, 6년 후에 어떤 일이 벌어질까?'

시간을 들여 자기 철학을 다듬고 현재의 판단에 오류가 있는지 살펴본다면 건강, 성공, 금전에 있어 대가가 분명해질 것이다. 하루에 사과 한 개와 초코바 한 개라는 선택지는 잘못된 결정이 무엇인지 잘 보여 주는 예시다. 나의 이러한 판단에 바로잡아야 할 오류가 있는가?

25살의 나는 판단 오류에 빠져 있었다. 나는 19살에 일을 시작했고, 25살에야 내 인생을 바꾸도록 도와준 스승을 만났다. 그전까지 6년이나 매일 실수를 저지르며 보낸 것이다. 앞서 언급했듯 경제 활동을 시작한 지 6년이 지나도록 나는 여전히 빈털터리였다. 주머니에는 동전 몇 푼이 전부였고, 은행 잔고는 텅 비어 있었으며, 채권자들은 "우편으로 수표를 보냈다면서요!"라며 매일같이 독촉 전화를 걸어 댔다. 나는 가족과의 약속을 지키지 못했고 내가 처한 상황에 연신 당황하기만 했다. 나는 미국에 살고, 가정이 있었다. 성공해야 할 이유가 충분했다.

실패하던 때에 나는 정치, 경제, 이자율 등 내가 가진 상황만을 탓했다. 6년 동안이나 자기 철학의 오류와 내가 저지른 판단 실수는 생각도 않고 말이다. 하지만 당신은 지금 몇 가지 판단 오류는 실패의 공식이라는 사실을 알게됐다. 오류가 매일 반복되면 약점이 생긴다. 그리고 그것은 재앙을 초래하는 프로세스로 자리 잡는다. 그 결과 내게 어떤 일이 일어났는지 충분히 이야기했으므로 당신도 실수가 6년간 반복된 뒤를 상상할 수 있을 것이다.

# 삶을 완전히 바꾸는 성공 공식

†

이제 성공 공식을 살펴보자. 성공 공식이란 매일 몇 가지 유익한 규칙을 실천하는 것이다. 초코바 대신 사과를 먹기로 결심하는 것 역시 삶을 더 나은 방향으로 바꾸는 일종의 성공 공식이라고 볼 수 있다.

건강뿐만 아니라 재정, 커뮤니케이션, 인간관계, 경영, 커리어 등에서 그러한 성공 공식을 지속하며 실수를 삶에 유익한 규칙으로 바꾼다면 인생을 더 나은 방향으로 즉시 변화시킬 수 있다. 오늘 이후 다시는 전과 같은 사람으로 살지 않아도 된다.

이 책을 마지막 페이지까지 읽을 쯤에는 첫 페이지를 읽을 때와는 완전히 다른 사람이 되어 있을 것이다. 이제 당신은 완전히 새롭고 흥미진진한 삶을 시작할 수 있다. 다만 모두 당신의 선택에 달렸다. 변화의 시작점은 아주 간단할 것이다. '하루에 사과 한 개씩 먹기' 외에 또 무엇부터 시작하면 좋을지 생각해 보라. 확실한 사실은 거창한 일부터 시작할 필요는 없다는 것이다.

자기 철학 변화의 작은 시작을 보여 주는 또 다른 사례를 살펴보자. 건강을 위해 동네 한 바퀴를 산책해야 하는데 계속 미룬다면 이 습관이 6년 뒤에는 분명 재앙이 되어 당신의 삶을 망치고 있을 것이다.

당신은 할 수 있고, 해야 하지만, 하지 않는다. 더 강력하게 표현하면, 당신은 하려고 하지 않는다. '하지 않는다'는 당신이 부주의하다는 뜻이며, '하려고 하지 않는다'는 당신이 고집스럽다는 뜻이다. 이 두 가지 조건은 모두 재앙으로 이어진다. 할 수 있다, 해야 한다, 하지 않는다, 하려고 하지 않는다. 이 단어들은 어떤 노력의 영역에서도 당신에게 도움되지 않는다.

내 자기 철학이 쓸모없다는 사실을 깨달은 후, 나는 내게 주어진 것을 모두 활용하기 위해 사고방식을 바꾸었다. 결과적으로 나는 31살에 백만장자가 되었다. 25살엔 빈털터리였는데 말이다. 대단하지 않은가?

무슨 일이 있었던 건지 궁금할 것이다. 19살부터 25살까지의 6년과 25살부터 31살까지의 6년, 그동안 정부, 세금, 부정적인 친척, 경제 여건, 물가 등의 주변 상황 및 그 밖의 모든 것은 거의 비슷한 수준이었다. 그렇다면 나는 어떻게 부자가 되었을까? 어떻게 내 삶을 완전히 변화시켰을까? 나는 삶에 대한 자기 철학을 바꾸는 것부터 시작했다. 더 깊이 사고함으로써 오류와 실수를 바로잡고, 마음을 바꾸고, 스승을 만나기 전에는 떠올리지 못했던 아이디어들을 생각해 내기 시작했다. 이러한 프로세스가 시작되자 내 인생은 완전히 바뀌었고, 나는 더 이상 과거의 내가 아니었다. 그리고 지금까지 그 프로세스를 지속하고 있다.

내가 이 책을 쓰는 이유 중 하나는 내 기술을 끊임없이 발전시키기 위해서다. 나는 사람들이 "10년 전 짐 론이 대단했을 때 그의 강연을 들었어야 한다"라고 말하기를 원하지 않는다. 나는 사람들이 이렇게 말하기를 원한다.

"10년에 전 짐 론의 강연을 들었는데 정말 좋았어요. 여러분도 들어 보세요! 그는 자신의 기술을 끊임없이 연구해요. 항상 자신을 발전시키기 위해 노력하죠. 그래서 지금과 같은 결과를 내는 거예요."


## 삶의 전환

†

개인적인 변화 프로세스를 세우는 것은 자신의 삶을 개선하고자 하는 모든 사람에게 효과적이다. 이 프로세스는 각자의 자기 철학에서 시작되며, 자기 철학은 자신만의 규칙을 실천할 의지력이 있는지, 즉 불운을 초래하고 빈털터리가 되게 만드는 실수를 계속 저지를 것인지 혹은 중단할 것인지 결정한다.

나는 25살에 멘토를 찾은 일이 정말 다행이라고 생각한다. 쇼프 선생님은 이렇게 말씀하셨다.

"론, 나라를 바꿀 필요는 없지만, 자네의 철학은 꼭 바꾸게. 철학을 바꾸면 소득을 바꿀 수 있고, 계좌 잔고를 바꿀

수 있고, 기술을 바꿀 수 있지. 더 유능하고, 힘 있고, 세련
되고, 건강하고, 영향력 있는 사람이 될 수 있다네.

불가능한 것을 바꾸려 하지 말고 이미 가지고 있는 것
을 잘 활용하게. 그렇게 하면 원하는 모든 것을 가질 수 있
네. 온갖 우여곡절과 함께 펼쳐지는 상황들을 감사히 받아
들이고, 일이 잘 풀릴 때도 있고 잘 풀리지 않을 때도 있음
을 이해하게.

그리고 이 지혜에 이의를 제기하지 말게. 자네는 다른
행성을 찾을 필요도, 다른 나라를 찾을 필요도 없네. 다른
책, 다른 세미나, 다른 아이디어를 구하면 되네. 그러면 삶
의 변화를 이룰 수 있다네."


철학에 삶의 모든 해답이 있는 만큼 더 많은 페이지를
할애해 논의할 수도 있을 것이다. 모쪼록 이번 장이 내가
했던 것처럼 철학에 대해 숙고하고, 몰두할 만큼 당신에게
흥미로웠기를 바란다. "하루에 사과 한 개를 먹는 것이나
동네 한 바퀴를 산책하는 것처럼 간단한 변화가 있다면 그

것부터 시작해 보겠어!"라고 마음먹기를 바란다.

우선 쉬운 것부터 시작하고, 그것이 특별한 삶으로 향하는 길임이 점점 더 분명해진다면 그때 더 복잡한 규칙을 갖는 방향으로 나아가는 것이 좋다. 그 비결은? 바로 건강한 자기 철학이다.

THE ART OF EXCEPTIONAL LIVING

**3**장

삶을 형성하는
단어

확고한 자기 철학은 다양한 출처에서 지식을 수집함으로써 구축된다. 이 장에서는 누구나 쉽게 이용할 수 있지만 간과하기 쉬운 두 가지 정보의 출처를 살펴보려고 한다.

어떤 정보가 필요한지 알고, 그 정보를 수집하는 과정은 좋은 삶을 영위하는 비결 중 하나다. 초창기에 쇼프 선생님이 내게 해 주신 최고의 조언은 '왜, 그리고 어떻게 공부해야 하는지'에 관한 것이었다. 공부는 삶을 변화시키는 키워드다. 성공하고 싶다면 성공에 대해 공부하라. 성공은 우연이 아니다. 행복해지고 싶다면 행복에 대해 공부하라. 행복은 우연이 아니다.

마찬가지다. 부유해지고 싶다면 부에 대해 공부하라. 부 역시 우연이 아니다. 그러나 부에 대해 공부하는 사람은 극소수에 불과하다. 부, 행복, 성공은 발전시켜 마땅한 가치이므로 많은 사람이 면밀하게 공부할 것 같지만, 생각보다 그런 사람은 많지 않다. 그 이유는 앞서 살펴본 '마음의 미스터리'에서 찾을 수 있다.

더 나은 미래를 여는 열쇠는 아이디어와 정보다. 우리에게 부족한 것은 돈이나 기회, 자원이 아니다. 정보를 바탕으로 구체화한 아이디어가 부족한 것이다. 수년 전 내가 배운 최고의 조언 중 하나는 성경에서 비롯된 "구하면 얻으리라"라는 구절이다. 구하는 것, 바로 그것이 아이디어와 삶을 변화시킬 정보를 찾는 방법이다.

찾기 위해서는 구해야 한다. 세미나와 강연에 참석하고, 오디오북을 듣고, 획기적인 아이디어를 줄 믿을 만한 기사와 강의를 접해야 한다. 사람들과 대화를 나누고, 직접 찾아다녀야 한다. 좋은 아이디어는 당신의 인생을 방해하는 경우가 거의 없다. 부지런히 구하다 보면 필요한 아이디어를 찾게 될 것이다.

삶을 바꿀 수 있는 정보를 찾는 과정의 다음 키워드는 '캡처capture'다. 좋은 아이디어를 찾으면 캡처하라. 당신의 기억력을 믿지 마라. 모든 것을 기록하고 녹화하고 캡처하라. 이 책이 출간된 이유 중 하나는 바로 아이디어를 캡처하기 위해서다.


## 일기를 활용하라

†

부와 행복을 진지하게 공부하는 한 사람으로서 떠오르는 아이디어를 일기에 써 모으기를 권한다. 일기는 부와 행복으로 이어지는 새로운 규율이다.

세상이 어떻게 돌아가는지 살펴보라. 노력이 부족하다는 말을 듣지 않도록 하라. 한 가지 더 당부하자면, 알아낸 것을 모두 실행할 수는 없을지라도 가능한 한 많이 알아내고 배우기를 바란다. 인생의 마지막에 이르러서 주어진 삶을 10분의 1밖에 활용하지 못했다고 뒤늦게 후회하고 싶지는 않을 것이다. 그것도 기회가 부족해서가 아니라 정보가 부족해서 말이다.

정보를 구하는 데 가장 좋은 두 가지 방법은 **①자신의 경험**, 그리고 **②다른 사람의 경험**이다. 각각을 자세히 살펴보자.

앞서 언급했듯, 자신의 경험에서 배워라. 자신의 삶을 배우는 좋은 학생이 되어라. 결국 이것은 자신이 가장 잘 알고, 가장 강하게 느끼는 정보다. 자신의 삶을 가장 중요한 연구 대상으로 삼아라. 삶을 연구할 때는 긍정적인 측면뿐 아니라 부정적인 측면, 즉 실패 또한 면밀하게 살펴보라. 우리에게 귀중한 정보를 알려 준다면 실패도 도움이될 수 있다. 어떤 때는 실패가 성공보다 더 나은 선생님이되어 준다.

어떤 일을 제대로 하는 법을 배우려면 우선 그 일을 잘못된 방식으로 해 보면 된다. 이는 의외로 배움을 얻는 가장 좋은 방법이다. 그렇지만 너무 오래 반복해서는 안 된다. 10년 동안 잘못된 방식을 적용했다면 다음 10년은 고쳐야 한다. 자신의 경험에서 배우는 것은 쉽게 접근할 수 있고 정서적으로도 매우 효과적인 방법이다.

소프 선생님을 처음 만났을 때 나는 직장생활 6년 차였다. 선생님은 내게 이렇게 물었다.

"론, 자네는 벌써 6년 동안 일했지. 그동안 어땠는가?"

"썩 좋지 않았습니다."

"그렇다면 더 이상 지금처럼 하지 말게. 잘못을 6년이나 반복했으면 충분하지. 6년 동안 얼마나 저축했나?"

"한 푼도 못 했습니다."

"6년 전 자네에게 그렇게 행동하라고 시킨 사람은 누군가?"

얼마나 대단한 질문인가! 현재 당신이 삶에서 행하고 있는 계획과 행동은 어디에서 비롯되었는가? 그것은 분명 제대로 작동하지 않고 있다. 그런데 어째서 그 계획을 지속하고 있는가? 정말 당신이 세운 계획이 맞는가? 다른 누군가의 의견은 아닌가?

과거의 경험을 마주하면 처음에는 다소 고통스러울 수도 있다. 특히 나처럼 많은 실수를 저질렀다면 더욱 그렇다. 하지만 지난 삶에서 배움을 얻는 더 나은 학생이 되어 이룰 수 있는 발전을 생각해 보라.

정보를 얻는 두 번째 방법은 다른 사람의 경험에서 배우는 것이다. 다른 사람들이 잘했든 잘못했든 그들에게서 배울 수 있다는 사실을 기억하라. 긍정적인 요소뿐만 아니라 부정적인 요소도 배울 수 있다.

예를 들어, 성경의 어떤 이야기들은 본보기를 제시한다. 그들이 행동한 대로 행동하라. 반면 경각심을 일깨우는 이야기들도 있다. 그들이 행동한 대로는 행동하지 마라. 해야 할 행동과 하지 말아야 할 행동, 이 얼마나 풍부한 정보인가! 만약 당신의 이야기가 누군가의 책에 실린다면 경고가 아닌 본보기가 될 만한 삶을 사는 편이 좋지 않을까?

# 책을 읽어라!

†

다른 사람에게 배우는 방법 중에는 훌륭한 업적을 이룬 사람들의 책을 읽거나 유튜브를 보거나 팟캐스트와 오디오북을 듣는 방법 등이 있다.

내가 알고 있는, 그리고 전 세계의 많은 성공한 사람들은 훌륭한 독서가다. 그들은 호기심이 많아서 궁금한 것이 있으면 꼭 알아내야 직성이 풀리기 때문에 책을 읽지 않고는 못 견딘다. 이것은 성공한 사람들이 공통적으로 지닌 특징이다. "모든 리더는 독서가다All leaders are readers"라는 말도 있지 않은가. 앉아서 책을 읽을 수 없을 때, 이를테면 차를 운전할 때는 오디오북과 같은 방법을 활용할 수도 있다.

다음과 같이 다양한 주제에 대한 종이책과 오디오북, 전자책E-book이 수없이 많다.

• 더 강해지는 법

- 관계를 개선하는 법

- 결단력을 키우는 법

- 더 많은 성취를 이루는 법

- 일 잘하는 리더가 되는 법

- 두려움을 극복하는 법

- 성공하는 법

- 습관을 바꾸는 법

- 다정한 사람이 되는 법

- 인격과 품성을 계발하는 법

- 부자가 되는 법

- 건강한 식습관 갖추는 법

- 영향력 있고 세련된 사람이 되는 법

- 자존감을 높이는 법

- 다른 사람의 성공과 실수에서 배움을 얻는 법

- 취미, 스포츠, 업무 지식 등을 배우는 법


이 외에도 훨씬 더 많은 주제를 쉽게 접할 수 있건만 많은 사람이 전혀 읽지 않고 시간을 보낸다. 성공한 사람들이 자신의 이야기를 책으로 써서 독자들에게 성공 비결을 알려 주지만, 사람들은 그 입증된 지혜를 활용하지 않는다. 그 이유는 무엇일까?

우선 요즘에는 모든 사람이 바쁘다. 좀처럼 책을 읽지 않는 어떤 사람은 이렇게 말했다.

"전 퇴근이 늦습니다. 집에 도착해 저녁을 먹고 잠시 쉬며 TV를 보면 벌써 잠자리에 들 시간이죠. 밤늦도록 안 자고 책을 읽을 수는 없어요."

그런데 이 사람은 청구 대금을 제때 지불하지 못하고 자신이 왜 그런 상황에 있는지 의아해하고 있었다. 물론 그는 열심히 일하는 성실한 사람이다. 하지만 평생 성실하게 열심히 일해도 결국 빈털터리가 될 수도 있다는 사실을 기억하라.

당신은 성실한 근로자보다 더 나은 사람, 즉 훌륭한 독서가, 훌륭한 청취자가 되어야 한다. 매일 출퇴근길에 오디오북을 듣는 것이 그리 어려운 일은 아닐 것이다. 꼭 밤

늦게까지 책을 읽거나 들을 필요는 없다. 지금 당신이 무일푼이라면 더없이 좋은 출발점에 서 있는 것이다. 그저 하루에 30분만 책을 읽는 데 써라. 당신이 할 일은 그것뿐이다. 할 수 있다면 1시간으로 늘려도 좋지만, 우선 하루에 30분 이상 도전적이고 교훈적인 책을 읽거나 들어라.

두 번째 열쇠는 하루도 빠지지 말고 매일 책을 읽거나 들으라는 것이다. 식사는 걸러도 되지만, 독서는 거르지 마라. 한두 끼 없이는 잘 지낼 수 있지만, 아이디어, 사례, 영감 없이는 잘 지낼 수 없다. 성경에는 '사람은 빵만으로 살 수 없다'는 구절이 있는데, 이는 빵 다음으로 중요한 것은 말씀이라는 뜻이다.* 말씀은 마음과 영혼을 키운다. 건강하고 번영하기 위해서는 음식과 말씀이 모두 필요하다. 매일 건강한 음식을 먹듯 매일 좋은 말씀을 접해라. 어떤 사람들은 책을 너무 안 읽어서 마음의 구루병에 걸린다.

좋은 책에는 아이디어라는 보물이 담겨 있다. 사람들은

---

\* 마태복음 4장 4절, 《새국제성경New International Version》.

이러한 보물을 얻기 위해 30분도 할애하지 않는 것에 대해, 책을 사는 데 돈을 쓰지 않는 것에 대해 항상 변명을 내놓는다. 하지만 "타당한" 변명이란 없다. 믿기 어렵겠지만 내가 들은 변명 중에는 이런 것도 있었다.

내가 "존, 제가 가진 금광이 있는데 금이 너무 많아서 이걸 다 어떻게 해야 할지 모르겠어요. 와서 좀 캐가세요"라고 말하자 존은 이렇게 답했다.

"저는 삽이 없어요."

"그럼 삽을 하나 사세요."

"요즘 삽이 얼만지 아세요?"

깨달은 바가 있는가? 부디 책에 돈을 투자하기 바란다. 마음의 양식을 채우는 데 필요한 책을 구입하라. 최고의 지출은 교육에 투자하는 것이다. 자신의 더 나은 미래에 투자하는 것이라면 자기 자신에게 인색해지지 마라.

# 나만의 서재 만들기

†

좋은 서재를 두면 삶이 바뀐다. 감히 말하건대 50만 달러가 넘는 비싼 집에는 모두 서재가 있을 것이다. 왜 비싼 집에는 항상 서재가 있는지 그 이유가 궁금하지 않은가?

우선 '나는 50만 달러짜리 집을 살 여유가 없어'라고 생각했다면, 포인트는 그게 아니다. 당신의 집이 얼마나 큰지, 집값이 얼마인지는 중요하지 않다. 지금 살고 있는 집을 정리해서 책 읽을 공간을 만들면 된다. 그 공간에서 당신은 지식, 지혜, 정보를 늘리게 될 것이다. 서재에 둔 책들을 통해 당신이 건강과 삶, 정신, 문화, 고유성, 교양, 경제학, 번영, 생산성, 판매, 경영, 기술 등 다양한 가치와 특성을 진지하게 공부할 수 있는 학생임이 드러날 것이다.

내 멘토인 얼 쇼프 선생님은 내가 서재를 만들도록 도와주셨다. 그분이 처음에 추천한 책 중 하나는 나폴레온 힐Napoleon Hill의 《놓치고 싶지 않은 나의 꿈 나의 인생Think and Grow Rich》이었다. 선생님은 이렇게 말씀하셨다.

"'생각하라. 그러면 부자가 되리라Think and Grow Rich', 제목이 참 흥미롭지 않은가? 꼭 읽어 봐야 할 책이네."

나는 바로 중고 서점에서 그 책을 찾아 구매했고, 그것이 내 출발점이었다. 50센트도 안 되는 가격으로 산 그 책의 양장판은 이제 찾아보기 힘든 희귀본이 되었다. 역시 쇼프 선생님이 옳았다.

서재는 당신을 특별한 방법으로 성장시킬 핵심 카테고리를 갖추어야 한다. 그리고 그것은 당신의 건강한 독서 계획 코스 요리, 즉 마음의 양식, 생각의 양식이 되어 줄 것이다. 신체와 마찬가지로 마음에 양분을 공급할 때도 균형이 매우 중요하다. 따라서 서재에는 다양한 책을 갖추어야 한다. 달콤한 것으로만 채워서는 안 된다. "저는 긍정적인 내용이 담긴 책만 읽습니다"라고 말하는 사람도 있을 것이다. 그런 독서는 이류, 삼류에 불과하다. 우리는 이 한계를 넘어서며 성장해야 한다.

영감은 저절로 생겨나지 않는다. 배우고 공부해야 한다.

내가 추천하는 첫 번째 책은 모티머 애들러<sub>Mortimer J. Adler</sub>
의 《생각을 넓혀주는 독서법<sub>How to Read a Book</sub>》이다. 모티머
는 《브리태니커 백과사전<sub>Encyclopedia Britannica</sub>》의 편집장이었
다(《브리태니커 백과사전》도 물론 서재에 둘 만한 책이다). 《생각을
넓혀주는 독서법》은 책을 최대한 활용하는 방법을 제안한
다. 책을 읽는 것과 책의 내용을 최대한 활용하는 것은 전
혀 다른 문제다. 모티머는 이 책에서 분야별 독서 기술과
접근법을 제시한다. 또한 저자가 선정한 "지금까지 쓰인
최고의 저술", 즉 추천 도서 목록도 포함되어 있다. 이 책은
지금도 내 서재에서 가장 중요한 자리를 차지하고 있다.


## 필수 도서 목록

†

### 역사

지금 당신 서재에 꽂혀 있는 역사책 목록이 만족스럽다

면, 좋다. 정말 다행이다. 하지만 만약 그렇지 않다면 만족할 만한 책을 찾아보아야 한다. 책을 고를 때는 항상 '균형 잡힌 서재 갖추기'라는 목표를 유념하라. 여기에서 균형이란 다음과 같다.

우리는 역사의식을 가져야 한다. 국사, 세계사, 가족사, 정치사 등의 역사의식은 삶의 맥락을 이해하는 데 중요하다. 역사가 주는 교훈을 짧게 말하자면, '어려움 속에 기회가 있다'는 사실이다.

1000년 전이든 4000년 전이든 아무리 거슬러 올라가도 마찬가지다. 변하지 않는 맥락을 이해하면, 변해야 하는 요소는 바로 자신이라는 사실을 깨닫게 될 것이다. 역사는 씨앗, 토양, 햇빛, 비, 계절 등이 어떻게 생겨나고 이용되는지, 과거에는 그것으로 무엇을 했는지 이해하는 데 도움이 된다. 당신은 곧 (내가 25살까지 그랬던 것처럼) 과거에 얼마나 많은 사람이 엉망이었는지 알게 될 것이다. 그리고 얼마나 많은 사람이 그러한 잘못을 바로잡으며 특별한 삶을 살았는지도 알 수 있을 것이다. 역사를 배우는 이유는 현재를 똑바로 바라보기 위해서다. 역사를 배우는 좋은 학생이 되기 바란다.

당신의 서재에 둘 역사책으로 퓰리처상을 받은 역사가 윌 듀런트Will Durant와 아리엘 듀런트Ariel Durant가 쓴《윌 듀런트의 역사의 교훈Lessons of History》을 추천한다. 이 책은 100여 페이지 남짓밖에 되지 않지만, 매우 잘 쓰인 책인 만큼 분명 당신도 흥미를 느낄 것이다.

### 철학

서재에 들어갈 중요한 카테고리 중 하나는 철학이다. 윌 듀런트는 훌륭한 역사책뿐만 아니라《철학 이야기The Story of Philosophy》라는 책도 저술했다. 이 책에는 지난 수백 년간 철학자들이 무엇을 가르치고 어떻게 살았는지 자세히 설명되어 있다. 다소 어렵게 느껴질 수도 있지만, 쉬운 책만 읽을 수는 없는 법이다. 쉬운 책만 읽으면 성장, 변화, 발전, 그 무엇도 이룰 수 없다. 그러니 더 어려운 책에 도전해 볼 것을 권한다.

## 소설

소설은 흥미로운 이야기로 주의를 집중시키고 작가의 철학을 담아내는 읽기 좋은 분야다. 에인 랜드Ayn Rand는 그런 면에서 어떤 작가보다도 뛰어나다. 그녀의 저서 《아틀라스Atlas Shrugged》는 흥미를 불러일으키는 뛰어난 고전 소설 중 하나인 동시에, 이야기 전반에 걸쳐 그녀의 철학을 담고 있는 작품이다.

그녀의 철학에 동의하든 동의하지 않든, 그녀가 대화, 연설, 글 등으로 자신의 철학을 이야기로 엮어 내는 데 정말 뛰어나며, 그녀의 작품이 매우 훌륭하다는 사실은 인정해야 한다. 개인적으로 조언하자면, 쓰레기 같은 소설은 지나쳐라. 하찮은 소설에서 가치 있는 무언가를 발견하는 경우도 있지만, 나는 그것을 찾으려고 굳이 쓰레기 같은 소설에 시간을 쏟지는 않을 것이다. 세상에는 이미 훌륭하고 뛰어난 작품이 많다.

### 전기와 자서전

이 분야의 책은 서재에 반드시 하나쯤 마련해 두어야 한다. 전기와 자서전은 성공한 사람들의 이야기일 뿐만 아니라 실패한 사람들의 이야기이기도 하다. 대부분의 이야기는 극적이고, 흥미롭고, 교훈적이고, 특별하다. 최고의 전기 중 하나인 성경은 훌륭한 "본보기"를 제시하고 "경각심"을 일깨우는 다양한 사람들의 수많은 이야기로 이루어져 있다.

전기와 자서전 분야의 책에는 배움을 얻을 수 있는 경고와 본보기가 모두 담겨 있다. 본보기는 우리가 따라야 할 모범이 되는 사람들의 삶을 제시하고, 경고는 자신의 삶을 망치고 헛되이 보낸 사람들의 모습을 통해 하지 말아야 할 행동을 보여 준다. 양면을 모두 살펴보는 것은 매우 중요하다. 당신의 삶이 글로 쓰인다면 경고가 아닌 본보기가 되도록 하라.

균형이 중요하다는 점을 항상 기억하라. 서재에 있는 전기와 자서전은 선악의 균형을 이루어야 한다. 즉, 간디의 전기도, 히틀러의 전기도 필요하다. 전자는 인간이 얼마나 고귀하고 자비로워질 수 있는지, 후자는 인간이 얼마나 저속하고 비열해질 수 있는지 보여 준다. 우리는 삶의 양면을 모두 인식해야 한다.

### 회계

다음은 회계 분야다. 서재라면 회계에 대한 기본적인 개요가 담긴 책이 적어도 몇 권은 있어야 한다. 이를테면 기본적으로 '차변借邊'과 '대변貸邊'의 차이를 알 정도는 되어야 한다. 당신이 이 분야에 서투르다면 꼭 책을 구비하길 바란다.

### 법률

법에 대해 변호사 수준으로 알 필요는 없지만, 계약에 있어 서명할 것과 서명하면 안 될 것 정도는 알고 구분할 수 있어야 한다. 책을 통해 좋은 법률 자문을 얻고 이를 통해 어디에서든 후회하는 일 없이 안전해지는 법을 배워야 한다. 특히 요즘처럼 세상이 복잡하고 소송이 난무하는 때는 더욱 그렇다. 나는 비싼 대가를 치르고서야 이 사실을 깨달았다.

오래전 캐나다의 한 기업이 대출을 받으려 했다. 은행직원은 그들에게 이렇게 말했다.

"론 선생님께서 개인적으로 보증하신다면 대출해 드리겠습니다."

마침 나는 영웅 노릇을 하고 싶었고, 그 회사가 25만 달러를 갚을 수 있다고 확신했다. 그래서 보증을 섰다. 다행히 그 회사는 1년이 채 지나지 않아 대출금을 모두 상환했다. 나는 성공적으로 영웅이 되었다.

1년 뒤, 이 회사는 재정난에 빠져 다시 25만 달러를 대출받았다. 나는 '이번에는 보증해 줄 수 없어. 전화가 오지 않아야 할 텐데'라고 생각했다. 이미 그 회사가 어려운 상황임을 알고 있었고, 파산할 것이라고 판단했기 때문이다. 다행히 전화는 오지 않았다. 그리고 아니나 다를까, 1년도 되지 않아 그 회사는 결국 파산하고 말았다.

이후 나는 은행에서 편지 한 통을 받았다.

"친애하는 론 씨, ○○ 회사가 25만 달러 상환 의무를 이행할 수 없습니다. 저희에게 귀하의 개인 보증이 있으니 25만 달러를 보내 주시겠습니까?"

나는 이렇게 회신했다.

"잠깐만요. 뭔가 착오가 있는 것 같습니다. 저는 첫 번째 대출 보증에 서명했고 그건 ○○ 회사가 모두 상환했습니다. 두 번째 대출 보증에는 서명하지 않았습니다."

나는 처음에 서명했던 대출 보증이 "근보증*continuing guarantee"이라는 사실을 알지 못했다. 이 일을 계기로 나는 "계속적인continuing"이라는 용어가 법률에서 어떤 의미인지 아주 비싼 교훈을 얻었다.

그러니 법에 대해 조금은 공부하기 바란다. 어디에 왜 서명하는지, 이후에는 어떻게 자신을 방어할 수 있는지 알아야 한다. 급하게 서명하지 말고 시간을 갖고 검토하라.

---

* 계속적 거래 관계에서 현재 또는 장래에 발생하게 될 불특정채무에 대하여 책임을 지는 일을 말한다. 계속적 보증이라고도 한다.—옮긴이주

생각지 못한 온갖 일들이 일어날 수 있음을 명심하라.

좋은 학생이 되어라. 자신을 발전시키는 방법뿐만 아니라 방어하는 방법에 대해서도 배움을 게을리하지 마라. 성장하는 방법뿐만 아니라 친구를 살피고 적을 구분하는 방법 또한 배워라. 끊임없이 배워야 한다. 그것이 서재의 목적이다. 서재는 당신이 가족, 비즈니스 관계, 재능, 기술, 경제 등 삶의 모든 측면에서 진지한 학생임을 입증할 것이다.

### 일기

쇼프 선생님은 이렇게 말씀하셨다.

"론, 배우는 것에서 그치지 말게. 책을 읽으며 발전시킨 아이디어를 일기에 따로 기록해야 하네. 기억력을 믿지 말고 모든 걸 적어 두게. 부유하고, 강하고, 세련되고, 건강하고, 영향력 있고, 교양 있고, 특별한 사람이 되기를 진정으로 원한다면 일기를 쓰게. 가치 있는 무언가를 들으면, 중요한 무언가를 찾게 되면 반드시 기록하게."

나는 메모를 할 때 낡은 봉투의 모서리와 뒷면을 찢어서 사용하곤 했다. 식당에 접시받침으로 놓여 있는 종이나 서랍에 굴러다니는 갖가지 종이에도 메모를 했다. 그 결과 메모를 하는 가장 좋은 방법은 쇼프 선생님의 말씀처럼 일기를 쓰는 것임을 깨닫게 됐다.

그렇게 25살부터 일기를 쓰기 시작했다. 일기는 내 배움에서 중요한 부분을 이루고 있으며 서재에서도 빼놓을 수 없는 귀중한 자료로 상당 부분을 차지하고 있다.

이제 나는 내 아이들이 나처럼 일기를 쓰도록 노력하고 있다. 그 노력 중 하나는 공책을 구매하는 것이다. 특히 나처럼 나이든 어른이 공책을 사면 아이들은 재미있어한다.

"내가 이 공책을 얼마에 샀는지 아니? 26달러란다."

아이들은 이렇게 묻는다.

"공책 한 권이 26달러나 한다고요? 왜 그렇게 비싸게 사셨어요?"

내가 26달러를 지불한 이유는 공책에 적을 만한 26달러 상당의 무언가를 찾을 수 있는지 스스로 확인하기 위해서다. 내 일기는 모두 개인적인 비공개 기록이다. 하지만 당신이 내 일기장을 손에 넣는다면 얼마 읽지 않고도 그것이 이미 26달러 이상의 가치가 있음을 알게 될 것이다. 그리고 장담컨대 내 일기를 조금만 읽어 본다면 내가 얼마나 진지하게 배움에 임하는지 알 수 있을 것이다. 기술뿐만 아니라 삶과 실력과 배움에 헌신하는 진지한 태도를 엿볼 수 있을 것이다.

이러한 노력은 내게 주어진 씨앗과 토양, 햇빛과 비, 기적과 가능성으로 무엇을 할 수 있는지, 그것을 삶, 가족관계, 기업, 영업, 경영, 재능 등의 풍부한 자산으로 어떻게 바꿀 수 있는지 확인하기 위해서였다. 지금 당신은 원하는 모든 것을 구할 수 있다. 그러니 반드시 일기를 쓰기 바란다.

# 세 가지 유산

†

나는 사진, 서재, 일기, 이 세 가지 보물을 유산으로 남길 생각이다. 당신도 이처럼 당신에게 소중하고 가치 있는 유산을 남기기 바란다.

보물 상자에 담길 첫 번째 유산은 사진이다. 일상에서 사진을 많이 찍을 것을 권한다. 가족 앨범을 보며 2~3대代를 돌아본 적이 있는가? 찾아보면 옛날 사진은 몇 장 남지 않은 경우가 대부분이다. 여러 권의 앨범과 수많은 사진으로 당신의 인생 스토리를 남긴다면 자녀들, 더 나아가 후손들에게 얼마나 흥미로울지 생각해 보라.

사진 한 장은 천 마디 말만큼 가치 있다. 다양한 순간을 사진으로 남겨라. 사진을 찍느라 흘러가는 순간을 놓치는 것이 싫다는 사람도 있는데, 사진을 찍는 데에는 단 몇 초밖에 걸리지 않는다. 아주 잠깐이다. 아쉬운 실수를 반복할 것인가? 고집을 지킬 것인가? 모쪼록 사진을 많이 찍고 이야기를 남겨라. 후회하지 않을 것이다.

언젠가 타이완의 그랜드 호텔에서 강연을 한 적이 있다. 당시 1,000명 정도가 참석했는데, 카메라가 몇 대나 있었을까? 1,000대였다. 참석자들은 모두 카메라를 가져왔다. 그들은 강연이라는 이벤트를 놓치지 않고 수많은 사진을 찍었다. 강연보다 사진 찍느라 포즈를 취하는 데 더 오랜 시간이 걸릴 정도였다.

"이쪽은 나의 새로운 미국 친구입니다."

찰칵, 찰칵. 천 마디 말이 사진 한 장에 담긴다. 얼마나 멋진 상황인가! 사진 찍을 기회를 놓치지 마라. 세상을 떠나고 나면 사진이 당신의 인생을 말해 줄 것이다.


다음으로 남길 유산은 서재다. 사는 동안 사 모은 책들은 가르침을 얻고, 이상을 지키고, 철학을 개발하는 데 도움이 되었다. 또한 부유하고, 영향력 있고, 건강하고, 교양 있고, 특별한 사람이 되는 밑거름이 되었다. 서재의 책들은 질병을 이기는 데에도, 빈곤을 극복하고 빈민가를 벗어나는 데에도 도움이 되었을 것이다. 그리고 당신의 마음과 영혼의 양식이었을 것이다.

　마찬가지로 가족을 비롯한 여러 사람이 배우고 성장할 수 있도록 훌륭한 서재를 남겨라. 책은 어둠에서 빛으로 나아가는 디딤돌이다. 당신이 남긴 책들은 상상 이상으로 가치 있을 것이다.

　세 번째 유산은 일기다. 일기에는 당신의 생각, 세미나에서 작성한 메모, 영감을 불러일으키는 대화의 기록 등이 담겨 있다. 가치 있는 내용을 기록해서 모으면 그것이 당신만의 철학의 토대가 된다. 생각과 아이디어를 반복해서 검토할 수 있도록 기록하면 개념과 앞으로의 방향이 확고해진다. 반복은 실력의 어머니다. 일기를 한 번 더 읽으며 다시 배워라. 현재 상황에 맞게 한 번 더 조정할 수 있는지 살펴봐라. 자신의 일기를 통해 지속적으로 코칭받아라.

　말은 당신을 무너뜨릴 수도, 일으켜 세우거나 영감을 줄 수도 있다. 예를 들어, 노래를 듣고 가사가 마음에 와 닿는다면 분명 그 노래를 다시 듣고 싶을 것이다. 그 가사를 통해 즐거움을 느끼고, 가르침을 얻고, 응원을 받고 싶을 것이다. 어떤 노래는 감정의 여정으로 당신을 안내한다. 그 여정을 거듭 반복하고 싶지 않은가?

당신이 진지한 학생임을 보여 주는 가장 좋은 증거 중 하나가 바로 일기를 쓰는 데 들인 세심한 노력과 시간이다. 당신의 삶, 미래, 운명을 탐구하는 학생이 되어라. 메모하고 일기 쓰는 시간을 가질 만큼 학생다운 사람이 되어라. 유산으로 남기기에 얼마나 멋진 보물인가!

캘리포니아주 카멜은 내가 좋아하는 장소 중 하나로, 첫 책 《내 영혼을 담은 인생의 사계절The Seasons of Life》을 집필한 곳이다. 어느 일요일 아침, 나는 작고 낯선 교회에 나갔다. 그날 아침 목사님은 내가 평생 들어 본 설교 중 최고로 꼽을 만큼 훌륭한 설교를 하셨다. 내가 그 자리에 있다는 사실이 믿어지지 않을 정도였다. 너무나 정확하고, 독특하고, 강렬한 설교였다. 마침 일기장을 가지고 있어서 설교가 진행되는 동안 메모를 했다. 그곳에 메모하는 사람이 몇 명이나 있었을까? 내가 알기로 이 훌륭한 설교를 메모하는 사람은 나밖에 없었다.

사람들은 낯선 사람인 나를 보며 숙덕거리기 시작했다.

"누구야? 뭐 하는 사람이야?"

나는 조금 불편해졌다. 하지만 메모는 계속했다. 특히 사람들이 "목사님 말씀을 빼돌리려나 봐"라고 말하는 소리를 들었을 때는 마치 스파이라도 된 기분이었다. 실제로 그날 그 훌륭한 메시지를 교회 밖으로 가져간 사람은 나밖에 없었다.


철학을 발전시키고 돛을 올려 출항하는 데 그 누구보다 진정성 있고 헌신적으로 임하기를 바란다. 결코 후회하지 않을 것이다. 오히려 삶에 축복이 찾아올 것이다.

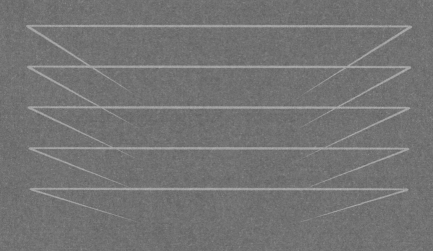

THE ART OF EXCEPTIONAL LIVING

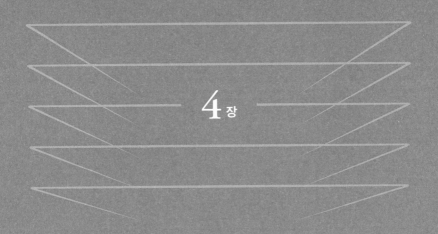

# 4장

자기계발을
멈추지 마라

인간은 의식적인 선택을 통해 자신의 본성을 초월하고 변화시킬 수 있는 능력을 지니고 있다. 이것이 바로 자기계발이다. 성공의 규율을 부지런히 적용하고 인생의 사계절을 적절히 관리하면 기적 같은 변화를 이룰 수 있다.

　내가 25살 때 쇼프 선생님이 주신 가르침 중에는 '목표를 설정해라'와 같이 쉽고 간단한 것도 있다. 목표 설정에 대해서는 나중에 다루기로 하고, 지금은 내가 힘들게 씨름해야 했던 자기계발에 대해 살펴보기로 하자.

　나는 주변 환경에 대한 비난을 계속했다. 정부를 비롯

해 친척들, 회사와 정책, 노동조합, 급여, 경제, 이자율, 물가, 상황 등을 탓하는 것이 쉽고 편했다. 하지만 쇼프 선생님께서 매우 중요한 조언을 해 주신 덕에 변할 수 있었다.

"미래의 중요한 부분을 결정하는 것은 어떤 일이 일어나느냐가 아닐세. 어떤 일이 됐든 그건 모두에게 일어나거든. 중요한 건 그 일에 어떻게 대처하는가라네. '어떤 일이 일어나느냐'가 아니라 '어떻게 대처하느냐', 그게 중요해."

선생님은 이야기를 계속했다.

"변화를 시작하려면 지난 3개월과는 다른 방식을 실천해야 하네. 책을 사서 읽는 것, 새로운 건강 규칙을 지키는 것, 가족관계를 회복하는 것 등 어떤 일을 하든 앞으로 3개월 이상 다르게 해야 해. 바로 오늘부터 말이네. 아주 작은 변화여도 상관없어. 같은 상황에 처해 있어도 다르게 행동하기 시작하면 자신을 바꿀 수 있고, 더 나은 철학을 가질 수 있네."

그리고 성공의 또 다른 비결을 알려 주셨다.

"론, 지금 자네가 가진 것은 바로 자네 자신이 끌어당긴 거네. 인생을 살며 스스로 만들어 온 '짐 론'이라는 사람이 가져온 결과지."

선생님의 말씀에는 단순하지만 심오한 몇 가지 원칙이 있다. 이것을 이해하면 인생의 많은 문제가 설명된다. 시장을 탓하는 대신 자신을 탓하고, 다른 사람에게 떠넘기는 대신 자신이 책임지는 것이 어려울 때도 많다. 특히 늘 외부의 문제를 탓했던 내게 더욱 어려운 과제였다. 이에 관해 쇼프 선생님은 이렇게 말씀하셨다.

"론, 자네에게는 동전 몇 푼이 전부고 은행 계좌는 텅 비었네. 채권자들이 독촉 전화를 걸어오고, 스스로 한 약속도 지키지 못하고 있지. 어째서 그런 일이 생겼겠나. 지금까지 자네가 그런 상황을 끌어당긴 거네. 자네 자신이 말이네."

"어떻게 하면 그 모든 걸 바꿀 수 있을까요?"

"아주 간단하지. 자네부터 바뀌면 모든 게 바뀔 걸세. 주변 상황을 바꿀 필요는 없어. 자네가 바꿔야 하는 건 자네의 내면뿐이야.

더 많은 것을 가지려면 더 많을 것을 가질 수 있는 사람이 되어야 하네. 더 쉬워지길 바라지 말고 자신이 더 나아지기를 바라게. 문제가 줄어들기를 바라지 말고 자신이 더 좋은 실력을 갖추길 바라게. 발전하기 위해 노력하고 변화하기 시작하면 모든 것이 자네에게 유리한 방향으로 바뀔 걸세."

## 더 나은 사람으로

†

이제 자기계발에 대해 이야기해 보자. 나는 25살에 자기계발이라는 특별한 모험을 시작한 이후 한 번도 멈춘 적이 없고, 여전히 나아가고 있다. 나는 더욱 발전하기를 원한다. 내 기술이 더 나아지고, 내 사업이 더 나아지고, 내가 하는 일이 더 나아지기를 바란다. 이 간단한 공식을 익히고 나면 무엇이 문제인지 쉽게 파악할 수 있다. 당신도 나의 이야기를 곱씹어 보고 반드시 자기계발에 뛰어들길 바란다.

아이들에게 자기계발이라는 개념을 이해시킬 때는 항상 돈에 대한 예시로 시작한다. 돈이 이 세상의 유일한 가치는 아니지만, 직접 계산해 볼 수 있고 누구나 관심 갖기 때문이다. 판단에 오류가 있거나 삶에 규율이 부족한 것은 아닌지 확인하려면 돈부터 살펴보는 것이 좋다.

내가 아이들에게 설명하는 방식은 이렇다. 우리는 시장에 가치를 제공한 대가로 돈을 받는다. 이 문장이 바로 경제를 이해하는 열쇠다. "시장"은 현실을 나타낸다. 시장에 가치를 제공하려면 시간이 걸린다. 하지만 우리는 시간에 대해 돈을 받는 것이 아니라 가치에 대해 돈을 받는다. 이것은 어른뿐만 아니라 아이들도 이해해야 할 매우 중요한 개념이다. 우리는 시간에 대해 돈을 받는 것이 아니다. 이 점을 잘못 이해하고 이렇게 말하는 사람도 있다.

"저는 시간당 20달러를 벌고 있어요."

이것은 틀린 말이다. 이 말이 사실이라면 그저 집에 앉아 사장에게 돈을 보내라고 할 수도 있다. 하지만 실제로는 그럴 수 없다. 당신은 그 시간에 제공한 가치에 대해 돈을 받기 때문이다. 즉, 시장에서 대가를 지불하는 기준은 시간이 아닌 가치다.

따라서 이 장의 핵심 질문은 다음과 같다. '두 배 더 가치 있는 사람이 되어 같은 시간에 두 배 더 많은 돈을 벌 수 있는가?' 물론이다! 같은 시간에 더 많은 돈을 벌기 위해 당신이 해야 하는 것은 더 가치 있는 사람이 되는 것뿐이다.


내가 지내고 있는 미국은 독특한 나라다. 누구나 성공의 사다리를 오를 수 있으며, 시간당 8달러에서 최저임금이 시작된다.

시간당 8달러가 부족하다고 생각하는 사람도 있을 것이다. 평생 사다리의 밑바닥에서 머무를 거라면 최저임금이 더 높아지는 것이 아주 중요할 것이다. 하지만 인생의 시나리오는 바닥에서 시작한 다음 열심히 일하고 노력해서 모든 여정 동안 더 가치 있는 사람이 되는 것을 목표로 한다. 더 가치 있는 사람이 될수록 사다리에서 더 높이 올라갈 수 있다.

월트 디즈니의 CEO이자 회장인 로버트 앨런 아이거 Robert A. Iger는 2019년에 4,750만 달러를 벌었다.* 회사가 그에게 연봉으로 4,800만 달러에 달하는 돈을 지급한 이유는 무엇일까? 회사가 1년에 110억 달러를 버는 데 기여했기 때문이다.** 즉, 그는 매우 가치 있는 사람이다.

반면 어떤 사람들은 시간당 8달러밖에 받지 못한다. 왜 이렇게 다를까? 한 마디로, 그들이 시장에서 그다지 가치 있는 사람이 아니기 때문이다. 물론 이들은 "시장에서" 가치가 없는 것뿐이지 가정과 사회에서는 훌륭한 배우자, 부모, 형제자매, 공동체의 일원, 신자일 것이다. 하지만 시장

* 매들린 베르그Madeline Berg, "밥 아이거, 엔터테인먼트 분야의 최고 연봉 경영자……Bob Iger, Entertainment's Highest-Paid Executive……", 〈포브스Forbes〉
** "2006-2021 디즈니 총수익", 〈매크로트렌드Macrotrends〉

에서 가치가 없다면 많은 돈을 벌 수 없다. 이것이 현실이며 세상이 돌아가는 방식이다. 어떻게 하면 더 많은 돈을 받을 수 있을까? 답은 간단하다. 자신을 더 가치 있는 사람으로 만들면 된다.

"나는 더 많은 돈을 받기 위해 파업하겠어"라고 말하는 사람도 있다. 하지만 그런 사고방식에는 중대한 문제가 하나 있다. 바로 요구를 통해 부자가 될 수는 없다는 점이다. 더 많이 기여하지 않는다면 아무도 더 많은 돈을 지급하지 않을 것이다.

또 어떤 사람은 "나는 그냥 급여가 인상되기를 기다릴래"라고 말할지도 모른다. 이것 역시 잘못된 생각이다. 더 가치 있는 사람이 아니라면 더 많은 돈을 받을 수 없다. 가만히 기다리는 것보다 직접 사다리를 밟고 오르는 편이 쉽다. 모든 긍정적인 일의 시작은 스스로를 발전시켜 더욱 가치 있는 사람이 되는 것이다.

# 더 가치 있는 사람이 되어라

†

왜 어떤 사람은 시간당 400달러를 받으며 일할 수 있는가? 그들이 시장에서 매우 가치 있는 사람이 되었기 때문이다. 어떻게 했을까? 그 답은 매우 쉽다.

예를 들어, 맥도날드에서 쓰레기를 버리는 일을 하면 시간당 8달러를 받는다. 하지만 쓰레기를 버리러 나가면서 즐겁게 휘파람을 분다면 시간당 9달러를 받을 수 있다. 좋은 태도를 가졌으므로 1달러를 더 받는 것이다. 주방에서 일하는 법을 배우면 시간당 급여가 더 높아진다. 교육을 받고 매니저가 되면 더 많은 돈을 번다. 맥도날드 프랜차이즈를 인수하면 훨씬 더 많은 돈을 버는, 더 가치 있는 사람이 된다.

몇 년 전 어느 회사의 대표가 내게 전화해 이렇게 말했다.

"저는 지금 해외로 사업 확장을 준비하고 있습니다. 선생님의 도움이 필요합니다."

하지만 나는 현업에서 거의 물러난 상태였고 한가롭게 지낼 이국적인 해변을 찾으며 시간을 보내고 있었다. 그는 이렇게 말했다.

"론 선생님, 안 됩니다. 선생님과 함께할 프로젝트가 있어요. 사업을 확장하는 데 선생님의 도움이 꼭 필요해요."

그리고 잠시 머뭇거리던 그는 말을 이었다.

"저희가 선생님의 재산을 몇백만 달러 이상 늘려 드리겠습니다. 그만한 가치가 있을 겁니다."

결국 나는 "좋습니다"라고 답했다. 나중에 생각하니 도움이 필요하다고 다른 누구도 아닌 내게 전화한 것이 신기했다. 하지만 곧 이런 생각이 들었다. '당연히 내게 전화했겠지. 나 말고 누구에게 하겠어? 나야말로 그 일을 할 수 있는 적임자인데.'

나는 어떻게 수백만 달러 가치의 전화를 받을 수 있었을까? 내가 가치 있는 사람이 되었기 때문이다. 나는 아이다호주의 조용한 농장에서 자란 시골뜨기 소년이었다. 대학교는 고작 1년 다닌 뒤 충분히 배웠다는 생각으로 그만

두며 온갖 실수를 저질렀다. 25살에는 독촉 전화에 시달리는 빈털터리였다. 그러나 나는 변했다. 내 인생을 완전히 바꾸었다. 나는 우선순위를 바꾸고 다르게 생각하기로 했다.

당신은 어떤가? 수백만 달러의 가치를 지닌 사람이 될 수 있는가? 세상에는 다양한 가치가 있지만, 여기서는 경제적 가치에 대해서만 이야기하기로 하자. 당신은 그만큼 가치 있는 사람이 될 수 있는가? 물론이다. 그 비결은 무엇인가? 쇼프 선생님은 이렇게 말씀하셨다.

"론, 비결은 간단하네. 직장에서 노력하는 것보다 자신을 위해 더 많은 노력을 기울이게."

이 말에 담긴 진실을 받아들이자 내 삶이 바뀌었다.

또 선생님은 이렇게 말씀하셨다.

"직장에서 열심히 일하면 생계를 꾸릴 수 있지만, 자기 자신을 발전시키기 위해 열심히 노력하면 큰돈을 벌 수 있네."

앞서 이미 이 내용을 읽었겠지만, 충분히 다시 읽을 만한 가치가 있다. 당신이 25살의 나를 안다면 아마 이렇게 말할 것이다.

"짐 론은 열심히 일하는 사람이야. 조금 일찍 출근하고 조금 늦게 퇴근하는 것도 개의치 않는 사람이지."

그렇다. 나는 직장에서 열심히 일했지만, 나 자신에게는 많은 노력을 기울이지 않았다. 결과는 어땠을까? 아무리 일해도 주머니에는 동전 몇 푼이 전부였다. 하지만 이 간단한 원칙을 마음에 새기고 자기계발을 통해 자신의 가치를 높이니 수입을 극적으로 바꿀 수 있었다. 경제적 풍요는 자산 측면에서 얻을 수 있는 최소한의 가치다.

역량을 개발하기 위해 노력하라. 품위를 높이기 위해 노력하라. 시장에서 더 가치 있는 사람이 되는 데 필요한 모든 것을 연마하기 위해 노력하라. 그러면 당신의 인생 전체가 긍정적인 방향으로 폭발적인 변화를 일으킬 것이다.

승진, 문제없다. 회사에 더 가치 있는 사람이 되는 것, 문제없다. 돈, 문제없다. 경제적 풍요, 문제없다. 미래, 문제

없다. 자기계발을 위해 노력하라.

당신이 가진 씨앗, 토양, 햇빛, 비, 계절을 바꾸려 하지 말라. 이용할 수 있는 모든 기적이 당신을 위해 작동하도록 두고 내면의 작업을 시작하라. 철학을 확립하라. 태도를 개선하라. 인격을 갖춰라. 말투를 다듬어라. 커뮤니케이션 능력을 키워라. 모든 능력을 개발하라. 그러한 개인적 변화를 이루면 모든 것이 당신에게 좋은 방향으로 바뀔 것이다.

## 네 가지 핵심 교훈

†

이제 인생에서 반드시 배워야 할 네 가지 핵심 교훈을 제시하고자 한다.

사소한 일에 매달리느라 정작 중요한 일을 제대로 하지 못하는 사람들을 본 적이 있는가? 한 주, 한 달, 한 해가 끝나면 사소한 문제나 별 볼 일 없는 프로젝트에 중요한 시간을 쏟지는 않았는지 돌아보기를 권한다. 만약 그렇다면 귀중한 시간을 허비하고 있는 것이며, 결국 당신의 인생은 평균 이하로 끝날지도 모른다. 경각심을 가져라.

네 가지 핵심 교훈을 살펴보기에 앞서 다음의 두 문장을 먼저 생각해 보자. 첫째, 인생과 비즈니스는 변화하는 계절과 같다. 이 말은 인생을 절묘하게 나타낸 문장 중 하나다. 가수이자 영화배우인 프랭크 시나트라Frank Sinatra가 "인생은 계절과 같다"고 노래하기도 했지 않은가. 둘째, 계절은 바꿀 수 없지만, 자신은 바꿀 수 있다. 이 두 문장을 마음에 새기고 다음의 네 가지 삶의 교훈을 살펴보자.

### 핵심 교훈 ① 겨울에 대비하라

가을이 지나면 겨울이 찾아온다. 겨울은 길 때도 짧을 때도 있으며, 힘들 때도 쉬울 때도 있다. 하지만 가을 다음에는 어김없이 겨울이 온다. 이 사실은 결코 변하지 않는다. 이 사실을 기억하라.

무슨 일이 일어나고 있는지 알 수 없을 때, 모든 것이 뒤집히고 잘못된 것 같을 때, 우리는 이런 시기를 '인생의 겨울'이라고 부른다.

어떤 작가는 겨울을 일컬어 "불만의 겨울The winter of discontent"이라고 표현했다. 인생을 살다 보면 마음이 산산조각나는 경제적, 사회적, 개인적 겨울을 겪기 마련이다. 겨울의 실망은 모두가 흔히 겪는 일이므로 반드시 찾아오기 마련인 겨울에 대처하는 방법을 배워야 한다.

뿐만 아니라 낮이 지나면 어김없이 찾아오는 밤에 대처하는 방법도 배워야 한다. 즉, 기회 뒤에 언제나 따라오는 어려움에 대처하는 방법, 호황 뒤에 언제나 따라오는 불황에 대처하는 방법을 배워야 한다.

겨울을 어떻게 보내야 하는가? 달력을 찢어서 1월을 없앨 수는 없지만, 당신이 할 수 있는 일은 있다. 바로 더 강해지고, 더 현명해지고, 더 나아지는 것이다. 더 강해지는 것, 더 현명해지는 것, 더 나아지는 것, 이 세 가지를 기억하라.

겨울은 바뀌지 않지만, 당신은 바뀔 수 있다. 예전에 나는 이 원리를 이해하지 못하고 겨울이 여름이 되기만을 바라곤 했다. 상황이 어려우면 그저 쉬워지기를 바랐을 뿐 더 좋은 방법을 알지 못한 것이다. 그때 쇼프 선생님이 그분의 철학에서 비롯된 답을 알려 주셨다.

"상황이 더 수월하기를 바라지 말고 자네가 더 나아지기를 바라게. 문제가 줄어들기를 바라지 말고 더 많은 기술을 바라게. 어려움이 적기를 바라지 말고 더 많은 지혜를 바라게."

### 핵심 교훈 ② 봄을 활용하라

흔히 봄은 기회라고 하는데, 춥고 혹독한 겨울이 지난 다음에야 찾아온다는 특징이 있다. 우리가 아는 한 약 6000년 동안 그래 왔으니 이는 꽤 믿을 만한 정보다. 겨울이 지난 뒤란 봄이 오기에 얼마나 좋은 시기인가.

마찬가지로 밤이 지나면 낮이 오고, 어려움이 지나면 기회가 오며, 불황이 지나면 호황이 온다. 이 모두는 어김없는 세상의 규칙이다. 따라서 당신은 이 사실을 믿고 활용해야 한다. "활용하다take advantage"라는 단어에 특히 주목하라. 우리가 배워야 할 것은 바로 활용하는 방법이다. 봄이 왔다고 해서 가을에 꼭 좋아진다는 법은 없기 때문이다. 우리는 계절마다 무언가를 해야 한다. 사실 모든 사람은 두 가지 중 하나를 잘해야 한다. ①봄에 씨 뿌리기 또는 ② 가을에 구걸하기.

그러니 오늘을 활용하라. 손에 넣을 수 있는 모든 책을 읽을 기회, 봄을 활용하는 법을 배울 기회를 놓치지 마라. 또한 당신의 봄, 당신의 기회를 빨리 잡아라. 우리 각자에게 주어진 봄은 한 줌에 불과하며, 아무리 길어도 인생은 짧다.

비틀즈The Beatles는 "인생은 너무 짧다"고 노래했다. 존 레논John Lennon*의 인생도 갑작스럽게 짧아졌다. 엘튼 존Elton John은 "그녀는 바람 앞의 촛불 같은 인생을 살았다"고 노래했다. 인생은 짧고 부서지기 쉽다. 인생에서 무엇을 하려

---

* 비틀즈 멤버인 존 레논은 1980년 12월 8일, 뉴욕 맨해튼의 자택 앞에서 광팬의 총격으로 인해 사망했다.―옮긴이주

고 하든 일단 시작하라. 계절을 그냥 흘려보내지 말라.

### 핵심 교훈 ③ 여름 동안 작물을 키우고 지키는 법을 배워라

봄에 씨앗을 심고 나면 여름에 벌레가 나타나고 잡초가
자라기 마련이다. 벌레와 잡초를 막지 않으면 애써 심은
작물이 상한다. 따라서 세 번째 핵심 교훈은 당신 삶에 들
어온 침입자가 좋은 것을 가져가지 못하도록 막는 것이다.
다음의 두 가지 문구를 생각해 보라.

### • 좋은 것은 모두 공격받는다

모든 좋은 것은 공격받기 마련이다. 왜 그런지 내게 묻
지 말라. 나는 세상이 만들어지는 과정에 참여하지 않았기
때문에 그 이유를 알 수 없다. 내가 아는 것은 그것이 사실
이라는 점뿐이다. 현실을 직시하라. 모든 정원은 침범당한
다. 당신의 정원에는 절대 그런 일이 일어나지 않을 거라
고 굳게 믿고 바라는 것은 순진한 사고방식이다.

## • 모든 가치는 보호되어야 한다

사회적 가치, 정치적 가치, 우정의 가치, 결혼의 가치, 가족의 가치, 비즈니스 가치 등 이 모든 것은 여름 동안 보호되어야 한다. 이것들을 보호할 수 있을 만한 기술을 개발하지 않으면 결국 어떤 가치도 얻지 못할 것이다.

**핵심 교훈 ④** **불평하지 않고 가을에 수확하는 법을 배워라**

자신에게 일어난 일은 전적으로 자신이 책임져야 한다. 인간의 가장 성숙한 모습은 모든 책임을 받아들이는 것이다. 모든 책임을 받아들일 때 당신은 진정한 어른이 된다. 그리고 사과하지 않고 수확하는 법을 배워라. 자신이 할 일을 잘했다면 사과하지 않아야 하며, 잘 못했다면 불평하지 않아야 한다. 그것이 바로 인간의 성숙함을 보여 주는 최고의 모습이다. 물론 쉽지 않지만, 그것이 가장 바람직하니 노력해야 한다.

# 정답은 내 안에 있다

†

혹인 영가 중에 이런 가사가 있다. "기도가 필요한 사람은 어머니도, 아버지도, 형제도, 자매도 아닌 바로 나, 오 주여." 한때 나는 내가 발전을 이루지 못하는 것에 외부 요인을 탓했다. 하지만 문제는 내 안에 있다는 것을 알게 되었다. 인생의 상당 기간 성공의 답을 외부에서 구했으나 그답은 이미 내 안에 있었다.

성공은 추구하는 것이 아니다. 성공은 '어떤 사람이 되는가'다. 삶의 질이나 양을 결정하는 것은 '어떤 일이 일어나는가'가 아니다. 내 삶에서 일어나는 거의 모든 일은 누구에게나 일어난다. 어젯밤에 해가 진 것은 우리 모두에게 일어난 일반적인 일이다. 하지만 두 사람에게 같은 일이 일어나도 한 사람은 부유해지고 다른 한 사람은 여전히 가난할 수 있다. 그 이유는 무엇일까? 그것은 어떤 일이 일어나느냐가 아니라 일이 일어났을 때 어떻게 대응하느냐에 따라 차이가 생기기 때문이다.

이것은 노트와 마음에 새겨야 할 중요한 문구다. 다시 말하지만, 차이를 만드는 것은 일어난 일에 어떻게 대응하느냐다. 나는 그동안 수많은 성공 스토리를 들었고, 나 역시 그중 하나다. 며칠이고 성공 스토리를 이야기할 수도 있을 것이다.

"머피의 법칙"을 아는가? 머피의 법칙에서는 "잘못될 수 있는 일은 결국 잘못되기 마련이다"라고 말한다. 인생에는 어떤 일이든 일어날 수 있다.

나는 개인적으로 하늘에서 추락했다고 할 만큼 큰일을 여러 번 겪었는데, 한 번은 무려 200만 달러에 이르는 엄청난 피해를 입어 극복하는 데 오랜 시간이 걸리기도 했다. 누군가에게는 그다지 큰 금액이 아닐지도 모르지만, 그 돈은 내가 가진 전부였다. 가진 것을 일부 잃는 것은 멀리 보았을 때 그리 나쁘지 않은 경험이지만, 가진 것을 전부 잃으면 상황이 심각해진다. 당신도 그런 경험이 있는가? 돈이 다 떨어져서 한 푼도 없을 때, 모든 것이 끝났다고 생각했을 것이다. 하지만 이제는 깨달음을 얻었기 때문에 빈털터리가 되어도 휘파람을 불 수 있다.

　일어날 일은 일어난다. 누구에게나 똑같은 일이 일어난다. "알겠어요. 하지만 당신은 제가 겪은 실망감과 좌절감을 이해하지 못합니다"라고 말하는 사람도 있을 것이다. 누구나 실망을 겪는다. 실망은 가난한 사람에게만 주어지는 것이 아니다. 문제는 그 실망에 어떻게 대응할 것인가다.

THE ART OF EXCEPTIONAL LIVING

# 5장

# 프로세스를 세워라

개인적 변화 프로세스에 대해 설명하기란 쉽지만, 실행하기는 쉽지 않다. 이 프로세스를 실행하려면 자신의 한계를 버리고 본성의 모든 측면에 주목해야 한다. 이번 장에서는 자기계발이라는 기적의 프로세스에 대한 논의를 이어갈 것이다. 또한 자기계발과 한계를 버리는 것에 대해 논의하면서 스스로 부과한 다양한 한계에 대해 하나씩 살펴볼 것이다.

첫 번째 한계는 미루는 습관이다. 미루는 습관은 특별한 삶을 살지 못하도록 저해한다. 무언가를 미루면 당장은 그 일이 그렇게 중요해 보이지 않는다. 몇 가지 일을 미뤄도 일과를 마칠 무렵 하루가 그렇게 나쁘게 느껴지지는 않는다. 하지만 그렇게 여러 날이 쌓이면 형편없는 한 해가 될 것이고, 결국 비참한 인생이 될 것이다.

어떤 일을 미루려고 하는 습관에 대처하지 못하면 잘못된 방향으로 표류할 수밖에 없다. 당신이 이 책을 다 읽고 덮을 때쯤에는 미루는 습관을 버리게 될 것이며, 미루는 습관이 얼마나 큰 비용을 초래하는지 알게 될 것이다. 뿐만 아니라 당신이 앞으로 향할 곳이 기대되어 가만히 지낼 수 없을 것이다.


두 번째 한계는 비난이다. 때때로 사람들은 자신의 문제를 다른 사람의 탓으로 돌린다. 사실 누군가 또는 무언가를 비난하는 경향의 시작은 오래전으로 거슬러 올라간다. 지구상에 두 사람밖에 없던 시절, 그들은 얼마 지나지 않아 남을 탓하기 시작했다. 남자는 여자의 잘못이라고 말했고, 여자는 뱀을 탓했다.

비난은 자아가 자신을 방어하는 과정에서 자연스럽게 나타나는 부정적인 경향이다. 성공하지 못한 이유를 설명하기 위해 내가 제시했던 변명들을 떠올려 보라. 그중 높은 순위를 차지했던 항목은 돈이었다. 나는 모든 것이 너무 비싸서 문제라고 쇼프 선생님에게 불평했다. 하지만 쇼프 선생님은 "론, 그건 문제가 아니네. 진짜 문제를 말해 주지. 진짜 문제는 자네에게 그만한 여력이 없다는 거네"라며 잘못된 생각을 바로잡아 주셨다.

'그건 너무 비싸', '그건 시간이 너무 많이 걸려', '그건 너무 멀어' 등과 같이 '그것'을 계속 끌어들인다면 무엇도 충분하지 않게 느껴질 것이다. 따라서 항상 빈털터리로 불행한 삶을 살면서 환멸을 느낄 것이다. '그것'을 끌어들이지 말고 자신을 바라보라. 나는 '그것'에서 '나'로 생각을 바꾸는 법을 배운 뒤 내 삶을 더 나은 방향으로 움직일 수 있었다.

나에 대해, 또는 미루는 습관에 대해 주저하지 않고 옳은 말을 해 주는 사람을 만난 것 역시 인생을 바꾸는 아주 중요한 경험이었다. 당신의 성공을 가로막고, 잠재력을 저해하고, 자존감을 떨어뜨렸던 문제를 능숙하고 주의 깊게 공격할 수 있는 사람을 만난 날은 그야말로 기념할 만한 순간이다. 우리는 너무나 쉽게 겉모습을 현실로 착각하고, 증상과 실제 원인을 혼동한다.

없애고 싶은 세 번째 한계는 변명이다. 우리가 얼마나 많은 변명거리를 가지고 사는지 아는가? 거의 백만 개에 달한다. 그리고 우리는 평생 그 많은 변명을 모두 사용할 것이다. 누군가가 나타나 우리 앞에 놓인 딜레마의 진짜 이유를 마주하도록 모든 변명을 날려 버리지 않는 한 말이다. 그때까지 우리는 또 다른 백만 가지 변명을 들이대며 백만 달러를 갖지 못하도록 스스로를 방해할 것이다.

다음은 내가 이 책을 통해 당신에게 제기하는 핵심 질문 중 하나다. '바로 오늘, 당신의 인생을 변화시키기 위해 무언가를 시작해야 한다면, 당신은 어떤 일을 할 것인가?'

좋은 질문 아닌가? 당신은 무엇을 할 것인가? 아무것도 하지 않는다면 어떻게 될지 생각해 보라. 하루하루가 모두 똑같을 것이다. 지난 5년을 돌아봄으로써 다음 5년이 어떨지 알 수 있다. 변화를 이끌어 내는 자기계발 프로세스를 세우지 않는다면 다음 5년도 지난 5년과 같을 것이다.

또 다른 질문, '바로 오늘, 변화를 가져올 어떤 일을 할 수 있는가?' 이 또한 좋은 질문이다. 당신은 무엇을 할 수 있는가? 경제적 혼란 속에서 무엇을 할 수 있는가? 모든 일이 잘못되어 크게 실망했을 때 무엇을 할 수 있는가? 일이 풀리지 않을 때, 돈이 바닥났을 때, 기분이 좋지 않고 모든게 엉망일 때 무엇을 할 수 있는가?

먼저 일반적인 답을 제시하고자 한다. **당신은 어떤 일이 일어나도 여전히 놀라운 일을 해낼 수 있다.** 사람들이 믿을 수 없을 만큼 대단한 일을 할 수 있다. 불가능한 상황에서도 엄청난 일을, 비참한 상황에서도 훌륭한 일을 할 수 있다.

아이들은 놀라운 일을 할 만한 상황이면 놀라운 일을

할 수 있고, 그럴 상황이 아니면 어떤 일을 할지 아무도 모른다! 인간은 놀라운 존재이므로 놀라운 일을 할 수 있다. 인간은 개도, 물고기도, 새도, 아메바도 아니다. 다른 생명체와 다르다. 개는 잡초에서 시작하면 잡초로 끝낸다. 하지만 인간은 그렇지 않다. 인간은 잡초를 아름다운 정원으로 바꿀 수 있다. 이것이 인간과 개의 가장 큰 차이다. 인간은 무에서 유를 창조하고, 동전 몇 푼으로 막대한 부를 일구고, 엄청난 불행을 성공으로 바꿀 수 있다.

## 변화는 가능하다

†

내면을 들여다보고 놀라운 인간의 재능을 찾아내라. 재능은 당신에게 발견되고 이용되기만을 기다리고 있다. 당신은 그러한 재능을 발휘해 바꾸고자 하는 것은 무엇이든 바꿀 수 있다. 부디 그러기를 바란다.

인생이 마음에 들지 않는다면 바꾸어라. 인생이 충분하지 않다면 바꾸어라. 인생이 만족스럽지 않다면 바꾸어라. 당신은 나무가 아니다. 원한다면 실제로 인생을 바꿀 수 있다는 사실을 깨닫기 바란다. 오늘 이후로 당신은 어제와 같을 필요가 없다. 어제와 똑같이 남을지 혹은 달라질지는 오직 당신의 선택에 달려 있다.

변화 프로세스가 진행되어 자기 철학의 근간이 되려면 변화를 선언하는 것만으로는 충분하지 않다. 그 이상의 실천이 필요하며 열정 이상의 노력이 이루어져야 한다. 헬스장에 가기 전까지는 운동 기구를 잔뜩 들어 올릴 생각에 매우 들뜨고 설렐 것이다. 하지만 막상 운동을 시작한 다음에는 새로운 흥분과 기대를 필요로 한다. 바로 규칙이다. 규칙은 인간이 발전하는 데 필요한 중요한 단계다. 우리가 흥분하며 기대할 만한 것이 하나 있다면 바로 이것이다. 원하는 결과를 얻기 위해 필요한 일을 할 수 있는 당신의 능력에 흥분하고 열광하라. 그것은 그저 낙관적인 공황이 아닌 진정한 흥분이다.

# 부족한 상태에 안주하지 말라

†

바로 오늘, 당신의 삶을 크게 변화시킬 만한 일 중 무엇을 할 수 있는가? 정답에는 아무런 제한이 없다. 여기서 문제는 우리가 무엇을 할 수 있는지가 아니다. 우리가 할 수 있는 것은 환상적이고 믿을 수 없는 일이다. 하지만 우리가 할 수 있는 일과 실제로 하는 일은 전혀 다르다. 놀랍지 않은 일에 안주하는 것은 아주 실망스러운 태도다.

거듭 말하듯 직장에서 중요한 질문은 "내가 무엇을 얻고 있는가?"가 아니다. 스스로에게 던져야 할 중요한 질문은 "나는 지금 어떤 사람이 되고 있는가?"다. 좋은 일은 모두 우리가 어떤 사람이 되는지에 따라 결정된다. 그리고 우리가 어떤 사람이 되는지는 우리가 형성하는 습관, 즉 마음가짐, 태도, 행동에 의해 결정된다.

새로운 습관을 만들고 실천하는 것이 쉽지 않다는 사실을 나도 잘 알고 있지만, 자기계발 계획에서 우선 당신이 원하는 변화를 만들면 새로운 습관은 자연스럽게 따라올 것이다.

변화는 한 번에 폭발적으로 일어나는 것이 아니라 조금씩 이루어진다. 나는 모든 사람이 이런 방식으로 변화한다고 생각한다. 우리는 한 번에 한두 가지 새로운 습관을 형성하면서 마침내 방향이 바뀔 때까지 자신을 옳은 방향으로 조금씩 움직여 나간다. 바로 여기에서 특별한 삶이 비롯되고 결단력과 규율이 생긴다.

계절은 마음대로 바꿀 수 없지만, 우리 자신은 마음대로 바꿀 수 있다. 겨울이 바뀌기를 바라지 말라. 겨울을 이겨낼 수 있도록 자신의 태도, 힘, 능력이 바뀌기를 간절히 원하라.

미국의 위대한 발명가 토머스 에디슨Thomas Edison은 이렇게 말했다. "성공은 10퍼센트의 영감과 90퍼센트의 땀이다." 변할 수 있기를 바라는 것은 시작에 불과하며, 실질적인 변화를 이루려면 그러한 바람이 행동으로 전환되고 영감과 긍정이 규율로 이어져야 한다. 우리는 변화할 것이라고 긍정할 수 있지만, 그 긍정이 실현되기 위해서는 새로운 습관을 형성하고 새로운 규율을 개발하기 위한 행동을 취해야 한다. 당신이 긍정과 반대 방향으로 가고 있지는 않은지 확인하라.

## 신체적, 영적, 정신적 자기계발

†

이제 특별한 삶으로 이어지는 자기계발의 몇 가지 중요한 부분을 살펴보자.

### 신체적 자기계발

몸을 방치하지 말고 건강을 잘 관리하라. 성경에는 몸을 성전처럼 대하라는 구절이 있다. 훌륭한 말씀이고 훌륭한 제안이다. 자신의 몸을 헛간이 아닌 성전처럼 대해야 한다. 내 몸은 현재 내가 살고 있는 유일한 거처이니 함부로 다루지 않아야 한다.

내 어머니는 영양학을 공부해 좋은 정보와 건강한 생활 방식을 가족들에게 전해 주셨다. 좋은 음식으로 신체를 돌보는 방법, 이것은 어머니가 남긴 훌륭한 유산이다. 건강이 좋지 않아 성공하지 못하는 사람도 있다. 성공할 수 있는 재능과 기술이 있어도 음식을 건강하게 먹지 않으면 최적의 수준으로 일할 활력을 얻지 못한다. 활력은 성공의 중요한 부분이다. 부디 건강한 습관으로 몸을 잘 관리하라고 거듭 강조한다.

경주마를 키우는 한 남성이 있다. 그는 자신이 먹는 것보다 말을 먹이는 데 더 신경 쓴다. 말이 무엇을 어떻게 먹는지 세심하게 살피고 필요한 모든 영양소를 섭취하도록 철저하게 관리한다. 이러한 극진한 보살핌 덕분에 그의 말들은 멋지게 성장해서 바람처럼 달린다. 반면 그는 계단을 오르는 것만으로도 숨이 차서 헐떡인다. 어떤 사람들은 자녀보다 반려견을 먹이는 데 더 신경 쓰기도 한다. 하지만 기억하라. 내 몸을 성전처럼 대해야 한다. 자녀의 몸도 마찬가지다.

외모 또한 중요한 요소다. 좋은 첫인상을 남길 기회는 두 번 다시 없다. 외모에 관해 내가 제시할 수 있는 최고의 조언은 다음의 성경 구절에서 비롯된다. "하나님은 내면을 보고 사람들은 외면을 본다." 이에 대해 당신은 "외모로 사람을 평가해서는 안 됩니다"라고 말할지도 모른다. 하지만 사람들이 외모로 다른 사람을 평가하는 것은 어쩔 수 없는 사실이며, 당신도 아마 그럴 것이다. 해야 하는 것과 하지 말아야 하는 것에 골몰해서는 안 된다. 그러면 평생 실망하게 될 것이다. 물론 사람들이 당신이라는 사람에 대해 잘 알게 되면 보이는 것 외에도 다른 부분을 충분히 고려하여 당신이 어떤 사람인지 판단하겠지만, 처음에는 당신을 판단할 근거가 외모밖에 없다. 따라서 외모, 청결, 차림새 등에 내면이 반영될 수 있도록 잘 관리하라. 안팎을 건강하게 유지하는 습관을 들여라. 서재에 영양에 관한 책을 몇 권 추가하면 좋을 것이다.

### 영적 자기계발

나는 영적인 분야에 대해서는 비전문가다. 하지만 인간이 동물로부터 진화된 생명체 이상의 존재라고 믿는다. 인간은 특별한 생명체다. 이것은 내 개인적인 믿음일 뿐 당신도 믿으라는 뜻은 아니다. 그러나 이 조언은 받아들이기 바란다. 어떤 식으로든 영성을 믿는다면, 그것에 대해 공부하고 실천하는 것이 좋다.

당신의 가치를 소홀히 하지 말라. 당신의 미덕을 소홀히 하지 말라. 자기계발의 영적 측면을 탐구하지 않은 채, 개발하지 않은 채 두지 말라. 이것이 삶의 영적 측면에서 내가 할 수 있는 최선의 조언이다.

### 정신적 자기계발

자기계발에는 정신적 측면이 포함된다. 배우고, 공부하고, 성장하고, 변화하라. 이것이 교육의 목적이자 본질이다. 인간이 성장하고 발달하는 데에는 막대한 시간이 걸린다. 사실 평생 배우는 사람이 되는 것이 가장 바람직하다.

"정보화 시대"에 이르러 기술은 끊임없이 변화하고 있으니 시대에 뒤떨어지지 않고 유용한 기술을 습득하는 것이 매우 중요하다.

아프리카의 갓 태어난 영양이 사자에게 잡아먹히지 않기 위해 무리와 함께 달리는 법을 배우는 데 얼마나 걸릴까? 불과 몇 분밖에 걸리지 않는다. 새끼 영양은 태어나자마자 일어서려고 하지만, 이내 넘어지고 만다. 어미가 다시 일어나도록 도와줘도 비틀대다 넘어진다. 마침내 휘청거리는 얇은 다리로 일어나 젖을 먹으러 어미에게 다가가도 어미는 젖을 먹지 못하게 새끼를 밀어내며 뒤로 물러난다. 어미는 새끼가 다리를 사용해 힘을 키워야 한다는 사실을 알고 있기 때문이다. 초원에서는 언제든 사자가 새끼를 노린다. 새끼는 그렇게 일어나고 넘어지기를 반복한다. 어미는 시간이 많지 않다는 사실을 알고 있다. 그들이 위험에서 살아남기 위해 주어진 시간은 몇 시간도, 며칠도 아닌 단 몇 분이다.

하지만 인간은 16살이 지나도 홀로 살아남을 만큼 강한

지 확신할 수 없다. 인간은 잠재력을 발휘할 수 있는 시점까지 성장하는 데 시간이 걸린다. 마음의 양식을 채우고 성장하여 영적, 신체적, 정신적 개발을 이루려면 더더욱 많은 시간이 걸린다.

어떤 사람들은 책을 거의 읽지 않아 마음의 구루병에 걸린다. 그들은 자신의 개인적 신념에 대해 확고한 주장을 제시하지도 못한다. 여기서 부모의 과제는 자녀가 인생의 주요 쟁점에 관해 토론할 수 있도록 준비시키는 것이다. 예를 들어, 미국은 공산주의, 사회주의, 자본주의에 대해 수십 년 동안 토론을 이어왔다. 우리와 우리 다음 세대들도 그러한 이념에 관해 토론하고, 미국을 위대하게 만든 가치를 지킬 수 있어야 한다. 당신이 중시하는 가치와 미덕을 지키지 못한다면 당신은 자신의 이익에도 부합하지 않는 엉뚱한 철학의 희생양이 되고 말 것이다.

정치적, 사회적, 종교적, 영적, 영양학적, 경제적 이슈는 형평성을 구축하는 데 매우 중요하다. 당신은 신체적, 영적, 정신적으로 갖춰진 사람이 되어야 한다. 이것이 바로 쇼프 선생님이 내게 가르치려 했던 것이다. 선생님의 가르침을 통해 나는 내 가치와 미덕을 지키기 위해 철학을 개발할 준비를 마쳤고, 그 결과 특별한 삶을 살게 되었다. 당신도 그렇게 할 수 있다!

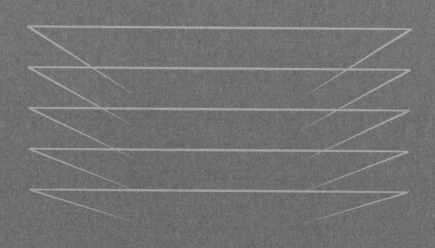

THE ART OF EXCEPTIONAL LIVING

**6**장

다섯 가지
필수 능력을 갖춰라

자기계발은 일회성 이벤트가 아니다. 눈덩이가 언덕을 굴러 내려가며 점점 커지듯이, 추진력과 능력이 켜켜이 쌓이는 지속적인 일이다. 성공한 사람들이 자기계발 프로세스를 강화하기 위해 개발한 다섯 가지 능력이 있다. 이 장에서는 이 다섯 가지 필수 능력을 자세히 살펴보고, 각자의 인생에서 그 능력을 개발하기 위한 전략을 제시한다.

# 성공한 사람들의 다섯 가지 능력

†

자기계발의 일환으로 다음의 다섯 가지 능력을 개발하라.

1. 흡수하는 능력을 개발하라.

2. 대응하는 법을 배워라.

3. 성찰하는 능력을 개발하라.

4. 실행하는 능력을 개발하라.

5. 나누는 능력을 개발하라.

이제 각각의 능력을 자세히 살펴보자.

**1. 흡수하는 능력을 개발하라**

흡수하는 능력을 개발하는 것은 당신이 이 책을 읽으며 하고 있는 것처럼 삶에서 가능한 한 많은 것을 빨아들이는 것이다. 스펀지처럼 잘 빨아들이는 사람이 되어라. 이야기에 빠져들되, 주변의 분위기를 놓치지 마라. 주변의 색감도, 외부의 풍경이나 내부의 장식도 놓치지 마라. 당신과 다양한 방식으로 관계하는 사람들의 상황도 놓치지 마라.

대부분의 사람은 그저 하루를 무사히 버티고 넘어가려 한다. 하지만 나는 당신이 날마다 가치 있는 것들을 얻는 법을 배우기 바란다. 하루를 그냥 보내지 마라. 매일 무언 가를 흡수하고 배워라. 인생이라는 대학에 입학하라. 그러 면 당신의 미래에 얼마나 큰 변화가 생기겠는가? 날마다 무엇이든 얻어라. 배움의 기회를 조금이라도 놓치지 마라.

내게는 이 부분에 매우 뛰어난 재능을 가진 친구가 있 다. 그는 자신에게 일어난 모든 일을 흡수하고 기억한다. 그는 까마득한 십 대 시절 어느 날에 자신이 어디에 있었 는지, 무엇을 했는지, 같이 있던 사람들이 어떤 말을 했는 지, 그들이 어떻게 느꼈는지, 하늘은 어떤 색이었는지, 그 날 어떤 일이 있었는지를 여전히 기억하고 이야기할 수 있 다. 사실 멕시코의 휴양지 아카풀코에 직접 가는 것보다 그가 다녀와서 이야기를 해 주는 편이 훨씬 더 흥미진진할 정도다.

'어디에 있든 그곳에 집중하라.' 이 말을 적어 두고 명심하기 바란다. 지금 있는 곳에 집중해 주변의 모든 것을 흡수해라. 가능하다면 사진을 찍되, 영혼과 마음에도 그 장면을 남겨라. 당신이 있는 곳의 모든 것을 담아라. 나는 이것이 우리가 개발해야 할 매우 중요한 능력이라고 생각한다. 그리고 순간을 포착하는 일을 대충하지 말라.

### 2. 대응하는 법을 배워라

대응할 수 있다는 것은 삶이 당신에게 닿도록, 즉 영향을 주도록 허용하는 것이다. 삶이 당신을 죽이게 두지 말고 당신에게 영향을 주도록 하라. 슬픈 일에 슬퍼하고, 기쁜 일에 기뻐하며 감정을 받아들여라. 단어와 이미지뿐만 아니라 감정 또한 당신을 자극하게 허용하라. 여기서 중요한 점은 감정도 지능처럼 교육이 필요하다는 사실이다. 우리는 감정을 느끼고 적절하게 대응하는 방법을 알아야한다.

나는 함께 영화를 보러 가기에 아주 좋은 사람이다. 내게 좋은 영화란 나를 죽을 만큼 웃고, 울고, 놀라게 만드는 영화, 새로운 것을 가르쳐 주는 영화, 나를 들었다 놨다 하는 영화다. 나는 영화관에 들어갈 때와 나올 때 조금이나마 다른 사람이 되어 나오고 싶다. 좋은 영화는 좋은 소설책처럼 내게 영향을 주고 의미 있는 방식으로 나를 움직인다.

언젠가 오스트레일리아에서 "『닥터 지바고』, 대형 화면으로 보세요!"라는 신문 광고를 보게 되었다. 나는 광고를 보자마자 '세상에, 이건 꼭 봐야 해!'라고 생각했다. 이미 두어 번 본 영화였으나 대형 화면으로 본 것은 아니었다. 나는 2층 발코니석, 샹들리에, 휘장, 실내장식, 대형 화면이 있는 옛날 극장을 좋아한다. 그렇게 『닥터 지바고』를 한 번 더 보러 갔고, 아니나 다를까 또다시 영화에 빠져들었다. 러시아 혁명을 배경으로 한 『닥터 지바고』의 시나리오는 정말 훌륭하다. 나는 그때까지만 해도 마지막 장면의 중요성을 이해하지 못했다. 하지만 이번에는 알 수 있었다. 예브그라프 장군은 토냐를 발견하고 이렇게 말한다.

"토냐, 아버지와는 어떻게 헤어지게 되었니?"

"그냥 헤어지게 됐어요."

"어떻게 된 건지 말해 보렴."

"도시가 불길에 휩싸여 도망치던 와중에 헤어졌어요."

"정말 어떻게 헤어지게 된 거지?"

토냐는 말하고 싶지 않았으나 장군은 다시 다그쳐 물었고, 그녀는 마지못해 하고 싶지 않았던 이야기를 한다.

"도시를 빠져나가던 중에 불이 났는데, 아버지가 제 손을 놓아 버리는 바람에 헤어졌어요."

"토냐, 내가 사실을 말해 주마. 코마로프스키는 네 친아버지가 아니란다. 나는 너를 찾아 사방을 헤맸어. 그리고 마침내 찾은 것 같구나. 이 사람, 내 이복동생인 닥터 지바고가 너의 친아버지야. 만약 그 사람이 거기 있었다면 절대 네 손을 놓지 않았을 거다."

전에 이 영화를 봤을 때는 팝콘을 먹으며 영화가 끝나기를 기다렸지만, 이번에는 달랐다. 나는 마지막 장면을 있는 그대로 받아들이고 이해할 수 있었다. 당신도 그렇게 하기를 바란다. 흡수하고 대응하라.

지금까지 자기계발을 추구하며 키워야 할 두 가지 능력을 살펴보았다. 첫 번째는 흡수하는 능력이다. 그 어떤 것도 놓치지 말고 집중하라. 요즘에는 모든 것이 빠르게 돌아가기 때문에 더욱 집중하고 주의를 기울여야 한다. 다양한 색깔과 소리, 주변 상황을 흡수하라. 두 번째는 대응하는 능력이다. 삶이 당신에게 영향을 주도록 허용하라. 눈에 보이는 것뿐만 아니라 감정 또한 당신에게 영향을 미치게 하라. 자 이제 세 번째 능력을 살펴보자.

### 3. 성찰하는 능력을 개발하라

'성찰'은 돌이켜 보고 다시 검토하는 것을 뜻한다. 오늘 작성한 메모를 다시 살펴보라. 밑줄을 치거나 강조해 놓은 페이지를 한 번 더 읽어 보라. 당신이 배운 내용을 되돌아보라.

하지만 나는 그 이상의 성찰을 권한다. 마음속으로 그

날 하루를 돌이켜 보고 기억에 저장하는 것이다. 성찰하기 좋은 시간은 일과를 마칠 때다. 몇 분 정도 시간을 내어 누구를 만났는지, 그들이 무슨 말을 했는지, 어떤 일이 있었는지 기억해 보라. 어떤 기분이었는가? 무슨 일이 있었는가? 경험, 광경, 소리, 색채 등 하루를 다시 상기하라. 하루는 인생을 이루는 모자이크 조각이다.

주말마다 몇 시간씩 내어 한 주를 돌아보라. 일정표와 약속을 다시 살펴보라. 어디에 갔고, 누구를 만났고, 어떤 기분이었고, 어떤 일이 있었는가? 지난 일주일을 정리하라. 일주일은 꽤 긴 시간이다.

월말에는 반나절 정도 시간을 내어 한 달을 돌아보라. 무엇을 읽고, 듣고, 보았는지 돌이켜 보라. 감정을 되짚어 보고 정리하여 도움이 되도록 활용하라.

연말에는 주말을 할애해 한 해를 돌아보라. 그 해가 의식과 경험으로 확고히 자리 잡아 사라지지 않게 하라.

성찰하는 능력은 생각, 아이디어, 경험, 상황, 날씨, 감정 등을 기억하는 데 매우 중요하다. 삶의 복잡성과 오르내림을 기억하라. 매일, 매주, 매월, 매년을 간직하라.

구약성경에 따르면 안식년은 율법에 따라 6년 일한 뒤 7년째에 펼쳐졌다고 한다. 당신도 6년 일한 뒤 7년째에 안식 기간을 가져라. 이는 단지 휴식을 위한 것도, 재충전을 위한 것도, 그저 신체적으로 좋은 몸 상태를 유지하기 위한 것도 아니다. 현대 사회에서는 '기분 전환'이라고 부르기도 하지만, 단순히 기분 전환을 위해서도 아니다.

고대에 이러한 안식 기간이 있었던 것은 지난 6년을 돌아보기 위해서라고 확신한다. 무엇이 잘 되고 무엇이 잘못되었는가? 무엇이 효과적이고 무엇이 효과적이지 않았는가? 어떻게 성장하고, 배우고, 변화했는가? 6년이 지난 지금, 6년 전에는 없던 무엇을 얻었는가? 이처럼 안식 기간은 지난 시간을 돌아보는 매우 소중한 기회다.

성찰과 관련하여 고독에 대해서도 생각해 보자. 때로는 다른 사람과 함께한 시간을 돌아볼 수도 있다. 남편과 아내가 함께해 온 시간을 돌아보는 것은 유익한 일일 것이다. 부모가 자녀와 함께 지난 학년을 돌아보는 것도 매우 좋다. 직장에서는 동료들과 함께 무엇이 효과적이고 무엇이 효과적이지 않았는지, 어떻게 개선할 수 있는지 돌아볼 수 있다. 하지만 가장 중요한 성찰은 스스로를 돌아보는 것이다.

고독에는 분명 장점이 있다. 잠시 세상을 차단하는 기회를 갖는 것은 좋은 일이다. 나의 성찰 방법이 궁금한가? 나는 자동차에 오토바이를 싣고 산으로 향한다. 그곳에서 인적이 드문 비포장도로를 달리거나 사막 어딘가로 차를 몰고 간다. 이것이 나의 휴식이다. 나는 대중에게 알려진 공인의 삶을 살기 때문에 내 인생, 기술, 경험 등을 혼자 돌아보는 성찰의 기회가 있을 때면 고독을 매우 소중하게 여긴다. 세상에는 혼자 해야 하는 일들이 있기 마련이다. 숙고하고, 궁금해하고, 읽고, 공부하고, 흡수하라. 올해 성찰의 시간을 갖고 개선하며 앞으로는 매년 더 나은 성찰의 시간을 가질 수 있도록 노력하라. 고독은 자신을 돌아볼 수 있는 멋진 시간이다.

"명상의 시간, 기도의 시간을 갖기 위해 옷장으로 가라"

라는 조언이 있다. 여기서 옷장은 문을 닫고 혼자 성찰할 수 있는 공간을 의미한다. 문을 닫고 들어가면 성찰을 방해할 수 있는 모든 것이 차단된다. 삶은 경험하고, 만지고, 보고, 실행하고, 행동하고, 규율을 지키는 것 등으로 구성된다. 하지만 때로는 그냥 문을 닫아야 할 때가 있다. 문을 닫은 채 궁금해하고, 기도하고, 숙고하고, 생각하며 주변의 일들이 의식되고 자각되도록 두어야 한다. 고속도로를 달릴 때는 자신을 돌아보기 어렵다. 해야 할 일이 너무 많을 때는 집중하기 어렵다. 하지만 고독할 때는 성찰할 시간이 있다. 이러한 성찰의 시간은 매우 귀중하다. 성찰하는 법을 배워라. 미래를 향해 나아가는 데에는 과거를 더 가치 있게 만드는 성찰이 중요한 역할을 한다.

과거를 정리해 미래에 투자하는 법을 배우는 것은 정말 강력한 힘을 발휘한다. 오늘을 정리해 내일에 투자하라. 이번 주를 정리해 다음 주에 투자하라. 올해를 정리해 내년에 투자하라. 이것은 강력하고 효과적이다. 그저 한 해를 더 버티면서 무슨 일이 일어날지 기다리는 대신 배우고, 공부하고, 성찰하고, 계획하고, 읽어라.

지금보다 더 나은 사람, 더 가치 있는 사람이 되는 것 또한 자기계발의 한 부분이다. 경제적 측면뿐 아니라 더 나은 부모, 더 나은 형제, 더 나은 동료가 되고, 가족, 사회, 공동체, 교회에 더 많이 기여하며, 사무실에서, 파트너십 관계에서, 회사에서 더 가치 있는 사람이 되는 것이다. 그 가치가 무엇이든 자신에게 노력을 기울이면 당신과 당신 주변에 더 많은 가치를 가져다 줄 것이다.

자아 성찰은 자기계발의 한 부분이다. 당신이 다른 사람에게 기여할 수 있는 가장 좋은 방법은 자기희생이 아닌 자기계발이다. 자기희생은 무시를, 자기계발은 존경을 불러온다. "나는 내 아이들을 위해 삶을 다 바칠 거예요"라고 말하는 엄마는 왠지 가엽다. 자기희생은 고귀하지 않으나 자기 투자는 자기계발이라는 긍정적인 노력에서 비롯되므로 고귀하다. 자신에게 노력을 기울여 더 가치 있는 사람이 된다면 가족 관계, 우정, 커리어, 그리고 인생의 모든 가치에 어떤 영향을 미칠지 생각해 보라.

나는 "당신이 나를 돌보면 나도 당신을 돌보겠습니다"라는 오래된 격언을 자주 사용하곤 했다. 하지만 이제는 그 말이 얼마나 얄팍한 말인지 알게 되었다. 그래서 이를 "당신이 나를 위해 당신을 돌본다면 나도 당신을 위해 나를 돌보겠습니다"로 바꾸어 사용하기 시작했다. 직장에서 노력하는 것보다 자신을 위해 더 열심히 노력하는 것, 이것은 자기계발의 한 부분이다. 이제 우리는 결혼 생활, 가족 관계, 우정, 사업 등에 이 원리를 적용하여 특별한 삶을 영위하는 데 필요한 힘과 능력을 개발해야 한다.

재능과 기술을 습득하는 이러한 능력은 우리의 가치를 높여 다음 주, 다음 달, 다음 해에 더 많은 것을 이루게 만든다. 흡수하고, 대응하고, 성찰한다면 향상된 당신의 능력에 깜짝 놀라게 될 것이다.

### 4. 실행하는 능력을 개발하라

실행하라. 필요하지 않은 일이라면 서두르지 않되 실행하는 데 너무 오랜 시간을 끌지 말라. 새로운 아이디어가 떠오르고 강렬한 감정이 솟아날 때, 그때가 바로 실행할 때다. "선생님처럼 서재를 갖고 싶어요"라는 생각이 들 수도 있다. 그때 당신이 해야 할 일은 그 생각이 사라지기 전에 서재에 둘 책을 몇 권 사는 것이다. 즉시 실행하라. 가능한 한 빨리 실행하라. 빨리 실행하지 않으면 "의도성 체감의 법칙law of diminishing intent"이 작동하기 시작한다. 아이디어가 떠오르고 감정이 고조되면 무언가를 하려는 의도가 생긴다. 하지만 그 의도를 빨리 실행하지 않으면 의도는 점차 사라지기 시작한다. 한 달이 지나면 차갑게 식어 버리고, 일 년이 지나면 더 이상 찾을 수 없게 된다. 따라서 실행하라. 감정이 고조되고 아이디어가 명확히 떠오를 때 실행에 옮기도록 규율을 정하라. 바로 그때가 규율을 확립할 때다.

건강에 대한 이야기를 들으면 "그래! 영양과 운동에 대한 책을 사야겠어!"라는 생각이 든다. 이 생각이 사라지기 전에, 감정이 식기 전에 책 한 권이라도 사라. 자리를 박차고 일어나 서점에 가라. 서재를 만들고 자기계발을 시작하라. 팔굽혀펴기라도 하라. 행동으로 옮기지 않으면 지혜도, 감정도 곧 사라지고 만다. 그렇게 되도록 두지 마라. 사라지지 않도록 붙잡아 실행에 옮겨라.

규율은 감정과 지혜를 붙잡아 자산으로 바꾸어 준다. 여기서 중요한 것은 여러 규율이 서로 영향을 미친다는 점이다. 모든 것은 다른 모든 것에 영향을 미친다. 홀로 존재하는 것은 아무것도 없다. "이건 중요하지 않아"라고 순진하게 말하지 마라. 더 중요하고 덜 중요할 수는 있지만, 무엇도 중요하지 않은 것이란 없다.

이것은 자기계발이라는 학습 프로세스의 일부다. 동네한 바퀴도 걷지 않는다면 하루에 사과 한 개를 먹는 일도 일어나지 않을 것이다. 하루에 사과 한 개도 먹지 않는다면 서재를 만드는 일도 일어나지 않을 것이다. 서재를 만들지 않는다면 일기를 쓰거나 사진을 찍지도 않을 것이다. 그런 사람은 자신의 돈, 시간, 가능성, 인간관계를 활용해 현명한 일을 하지도 않을 것이다. 그런 태도로 6년을 보내면 인생을 망치게 되고, 결국 수중에는 동전 몇 푼밖에 남지 않는다. 그러한 프로세스를 뒤집는 열쇠는 규율에 담긴 지혜를 이해하고, 그것을 자신의 삶으로 흡수하는 것이다.

규율은 서로 영향을 미친다. 따라서 아무리 작은 것이라도 모든 행동이 중요하다. 무언가를 실행하고 성취하기 시작하면 그것이 아무리 사소한 행동이라 해도 당신의 가치가 오를 것이다. 한 가지 행동에서 얻은 보상은 다음 행동, 그다음 행동을 실천하고 싶도록 영감을 불어넣을 것이다! 동네 한 바퀴를 걷기 시작하면 사과 한 개를 먹고 싶어질 것이다. 사과 한 개를 먹으면 책을 읽고 싶어질 것이다. 책을 읽으면 일기를 쓰고 싶어질 것이다. 일기를 쓰면 기술을 배우고 성장해 더 가치 있는 사람이 되고 싶어질 것이다. 이렇게 모든 규율은 서로 영향을 미친다. 모든 부족함은 나머지 부분에 영향을 미친다. 모든 새로운 것 또한 나머지 부분에 영향을 미친다. 따라서 부족함을 없애는 비결은 새로운 습관을 갖는 것이다. 그러면 당신은 더 나은 방향으로 자신을 이끄는 완전히 새로운 프로세스를 시작하게 된다.

규율에 대해 한 가지 더 살펴보자. 규율의 가장 큰 가치는 바로 자존감이다. 많은 사람이 자존감에 대해 가르치지만, 자존감을 규율과 연결 지어 생각하지는 않는다. 규율이 조금만 부족해도 정신이 약화된다. 조금 느슨해지는 것은 가장 큰 유혹 중 하나다. 조금 최선을 다하지 않았을 때 당신은 이렇게 생각할 것이다.

"그래, 이번 달엔 조금 느슨하게 일했으니 매출에도 조금 영향이 있겠지."

그렇지 않다. 조금이라도 최선을 다하지 않으면 철학에도 의식에도 영향을 미친다. 조금이라도 최선을 다하지 않으면 당신의 개인 철학은 서서히 무너질 것이다. 한 번의 소홀함은 또 다른 소홀함으로 이어진다. 조금이라도 소홀했을 때의 문제는 그것이 감염을 일으킨다는 것이다. 따라서 소홀함을 관리하지 않으면 금세 병으로 발전한다. 그리고 소홀함이 시작되면 무엇보다도 자존감, 자신감, 자기 가치가 낮아진다.

그렇다면 어떻게 자존감을 되찾을 수 있는가? 자존감을

되찾기 위해 온갖 강연을 들을 필요는 없다. 당신이 해야 할 일은 자기 철학에 부합하는 사소한 규율을 시작하는 것뿐이다. 생각하고 행동에 옮겨라. '해야 한다, 할 수 있다, 할 것이다'라는 마음가짐을 가져라. "더 이상 내 안에 소홀함이 쌓이게 두지 않겠어. 6년 뒤에는 내 발전을 축하하는 대신 변명만 늘어놓는 바보 같은 상황은 마주하지 않겠어!"라고 선언하라. 이것이 규율의 핵심이다.

부모라면 자녀가 최소한의 규율을 지키도록 이끌어야 한다. 한 가지 규율에서 시작해 하나씩 규율을 추가하라. 얼마 지나지 않아 규율 있는 생활을 만들어 내고, 그 안에 더 많은 지혜, 태도, 감정, 신뢰, 용기를 쏟아 넣을 수 있을 것이다. 그러면 아이들은 자존감과 다양한 가치가 담길 수 있는 큰 그릇이 될 것이고, 그 결과는 놀라울 것이다. 자신과 자녀를 위해 이러한 프로세스를 시작하면 그 결과가 너무 놀라워 평생 이 프로세스를 따르게 될 것이다.

세상에 도서관 회원카드를 발급받은 사람이 얼마나 되는지 아는가? 2017년 기준으로 미국인의 3분의 2가 도서관 회원카드를 갖고 있다. 하지만 실제로 회원카드를 이용하는 사람이 얼마나 되는지 파악하는 것은 불가능하다.

우리는 믿을 만한 작가들의 책을 통해 사회적, 개인적, 경제적 측면을 비롯한 모든 면에서 인생을 변화시킬 수 있다. 부유하고, 유능하고, 세련되고, 건강하고, 영향력 있는 사람이 되는 법을 배울 수 있다. 책 속의 풍부한 지혜를 활용하라. 앞서 논의한 내용이지만 너무나 중요한 주제이므로 다시 한번 살펴볼 필요가 있다.

자기 인생의 행복과 불행을 남의 탓으로 돌리는 것밖에 모르는 사람들은 당신도 같은 사고방식에 빠져 있기를 원한다. 그러니 그들과 같은 방식으로 말하고 행동하지 마라. 그들이 가는 곳으로 가지 마라. 그들이 매달리는 남의 탓 목록을 버려라. 새로운 인생을 시작하라. '특별한 삶을 사는 것이 도서관 회원카드를 발급받는 것만큼 간단할까?'라는 의문이 생길 것이다. 그렇다! 매우 쉽고 간단하고 복잡하지도 않다. 게다가 공짜다! 새로운 인생을 사는 데 있어 꼭 오랜 세월 수행하며 깨달음을 얻은 스승이 필요한 것은 아니다. 온라인이나 오프라인 서점에서 책을 사야만 하는 것도 아니다. 그저 도서관 회원카드부터 발급하면 된다.

노력이 좋은 결과를 가져온다는 자연의 이치에 어긋나는 방향으로 휩쓸리지 마라. 노력은 씨앗, 토양, 햇빛, 비, 계절 그리고 신의 기적을 가져온다. 성공은 노력을 통해서만 이룰 수 있다. 그러므로 제대로 노력하라.

규율에 대한 마지막 지침은 최선을 다하라는 것이다. 최선을 다해 할 수 있는 모든 것을 했는가? 이 질문의 답은 이상하게도 '아니오'일 것이다. 지금 당장 당신과 내가 팔굽혀펴기를 한다면 우리가 같은 횟수를 할 수 있을까? 아니다. 당신은 최근 팔굽혀펴기를 하지 않아서 최대 횟수가 5개라고 하자. 당신은 나를 보며 "저는 5개가 최대예요"라고 말할 것이다. 나는 당신 얼굴을 보고 그 말이 사실임을 알 수 있다. 5개가 지금 당신의 최대치다. 하지만 5개가 영원히 당신의 전부인가? 아니다. 조금 쉬면 5개를 더 할 수 있고, 조금 더 쉬면 5개를 더 할 수 있다. 그리고 조금 더 쉬면 15개를 더 할 수 있다. 어떻게 5개에서 15개가 되었는가? 이렇게 계속하면 마침내 50개까지 할 수 있다. 기적처럼 말이다!

어떻게 하면 이런 기적을 지속할 수 있을까? 첫째, 당신이 할 수 있는 것을 하라. 그리고 그것을 멈추지 마라. 따로 사는 가족에게 편지를 쓰는 것부터 시작할 수도 있을 것이다. 둘째, 할 수 있는 최선을 다하라. 가족에게 편지를 쓴 다음, 오랫동안 품어 온 사업계획을 작성하라. 셋째, 아주 잠깐만 쉬어라. 노력 사이에 쉬는 시간을 갖되, 너무 오래 쉬지는 마라. 앞서 언급했듯이 잡초가 정원을 뒤덮을 것이기 때문이다.

휴식을 목표가 아닌 불가피한 일로 삼아라. 인생의 목표는 휴식이 아니다. 인생의 목표는 행동이다. 더 많은 규율을 생각하라. 당신의 지혜와 철학을 활용할 수 있는 더 많은 방법과 수단을 생각하라. 그리고 당신의 태도, 신념, 용기, 헌신, 열망, 흥분을 활용하라. 규율을 지키는 데 노력을 쏟고 아무것도 허비하지 말라. 아무리 작은 규율이라도 그것이 당신의 인생을 바꾼다. 도서관 회원카드를 발급해라. 후회하지 않을 것이다.


### 5. 나누는 능력을 개발하라

당신의 좋은 아이디어를 사람들에게 전하라. 책을 읽으며 떠오른 생각을 나눠라.

"아주 좋은 책을 읽었어요. 제게 큰 도움이 되었죠."

"이 책을 읽고 정말 많은 생각을 하게 되었어요."

"이 책은 건강에 대한 관점을 바꾸는 데 도움이 되었어요."

"이 책에서 정말 많은 영감을 얻었어요."

사람들과 소감을 나눠라! 그들은 당신의 사려 깊음에 감사하게 될 것이다.

조언과 제안을 열 명에게 나누면 그들은 당신의 조언을 한 번씩 듣지만, 당신은 열 번 듣게 된다. 따라서 당신이 나눈 의견은 다른 누구보다도 당신에게 더 유익하며, 모든 사람이 지식을 얻게 될 것이다. 나눔은 모두에게 이익이 된다. 아이디어를 나누고, 경험을 나누고, 지식을 나눠라.

내가 강연에서 사람들과 생각을 나눌 때 얻는 기쁨을 당신도 얻을 수 있다. 이것이야말로 내 인생의 즐거움 중 하나다. 나는 강연에서 말, 정신, 마음, 영혼, 시간, 에너지를 최대한 쏟는다. 이제 열심히 일하지 않아도 되는 편안한 삶을 누리고 있지만, 세미나를 통해 보답을 얻고 싶어 기꺼이 공들이고 노력한다. 청중들의 반응은 내게 감동을 주고 내 인생에 영향을 미친다. 이것은 내 인생에 있어 중요한 부분이며, 돈으로 살 수 없는 귀중한 가치다.

책을 추천하는 것만으로도 같은 반응을 얻을 수 있다. 언젠가 당신이 추천한 책을 읽은 사람이 당신에게 이렇게 말할 것이다.

"당신 덕분에 인생을 새롭게 시작했어요. 그 책을 읽고 세상을 다른 관점으로 바라보며 마음을 바꾸게 되었어요. 깊이 생각하는 계기가 되었죠. 그 후로 계속 잘 지내고 있답니다."

좋은 의도를 나누면 이처럼 칭찬을 받을 수 있다. 자녀와, 동료와 나눠라. 당신과 닿는 모든 사람과 나눠라. 나눔은 당신뿐만 아니라 상대방에게도 도움이 되며, 당신을 더 큰 사람으로 만들어 준다. 내게 물이 가득한 컵이 있다면 그 컵에 물을 더 담을 수 있을까? 물론 담을 수 있지만, 그러려면 원래 있던 물을 비워야 한다. 이것이 내가 당신에게 권하는 행동이다.

아이디어가 가득하다면, 좋은 것이 가득하다면 다른 사람과 나누어라. 더 많이 비울수록 더 많이 채워진다. 그리고 더 많이 비울수록 더 큰 사람이 될 것이다. 크기가 일정한 컵과 달리 인간의 의식과 역량은 성장할 수 있다. 즉, 무한한 가능성이 있다.

특히 아이들의 역량은 부족함이 없다. 유럽에서는 아이들이 여러 언어를 사용한다. 나의 어린 시절도 그랬다. 아버지는 독일어를 할 줄 알았지만, 내게 구태여 가르치지 않았다. 어머니는 프랑스어를 할 줄 알았지만, 역시 내게 가르치지 않았다. 부모님은 내가 구세계 언어에서 벗어나

미국이라는 새로운 고향, 새로운 언어에 적응하기를 원했다. 앞으로 언어가 얼마나 중요해질지 몰랐기 때문에 독일어와 프랑스어를 버린 것이다. 그렇지 않았다면 나는 3개 국어를 모두 사용할 수 있었을 것이다.

반면 캘리포니아 비버리힐스에서 학교를 다닌 내 딸들은 그곳에서는 1학년 때 영어 외에 프랑스어, 독일어, 스페인어까지 세 가지 언어를 배웠다. 아이들은 여러 가지 언어를 쉽게 습득할 수 있기 때문이다. 아이들은 시간만 있다면 얼마든지 많은 언어를 배울 수 있다. 아이들의 역량에는 부족함이 없다. 선생님이 부족할 뿐이다.

당신 역시 마찬가지다. 당신의 역량은 부족하지 않다. 사실 당신은 가진 것을 나눔으로써 능력을 키울 수 있다. 더 큰 능력을 갖게 되면 더 많이 공유하라. 나는 지극히 이기적인 이유로 이 책을 썼다. 내가 당신과 나누면 내 의식이 성장하고 당신과 나눈 지혜를 다시 듣게 된다. 오래전, 세미나가 끝난 뒤 한 참석자가 이렇게 물었다.

"론 선생님, 몇 가지 주제에 대해 특히 강조하셨는데,

선생님께서 가르치는 모든 내용을 어떻게 실천하고 계신 가요?"

나는 이렇게 답했다.

"제가 당신에게 할 수 있는 최선의 조언은 이겁니다. 제 말을 주의 깊게 듣되, 저를 너무 자세히 관찰하지는 마세요. 이런 일은 실천하는 것보다 강의하는 것이 더 쉽습니다. 저는 그 점을 이해하고 있어요. 저도 당신처럼 실천을 위해 노력하고 있습니다. 당신의 역량이 커질 수 있도록 가진 것을 쏟아 내세요. 왜 역량이 커지기를 원해야 할까요? 지극히 이기적인 이유 때문입니다. 바로 다음 경험을 더 많이 담기 위해서죠."

현실을 살펴보면 크게 행복해지지 못하는 사람들이 있다. 당신이 온 세상에 행복을 쏟아붓더라도 어떤 사람들은 그 기쁨을 경험하지 못한다. 왜일까? 그들의 역량이 충분하지 않기 때문이다. 생각하고 궁금해하는 능력, 제대로 인식하고 이해하는 능력, 자신을 나누는 능력이 작으면 아무리 많은 것을 쏟아부어도 그들은 자신의 역량을 최대로

발휘해 특별한 삶을 경험하지 못할 것이다. 그렇게 되지
마라.

컵이 뒤집혀서 많은 것을 얻지 못하는 사람들도 있다.
뒤집힌 컵은 거의 아무것도 담지 못하는 법이다. 이때는
나누는 법을 배워라. 그러면 다른 사람의 컵을 똑바로 세
워 줄 수 있을 것이다. 그리고 그것은 당신과 다른 사람들
모두에게 멋지고 훌륭한 경험으로 남을 것이다.

THE ART OF EXCEPTIONAL LIVING

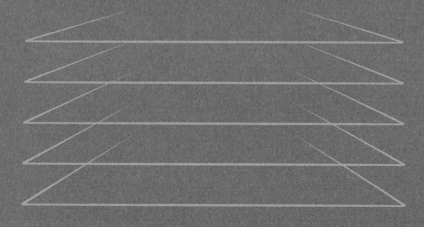

# 7장

## 가진 것으로 무엇을 하는가가 중요하다

특별한 삶을 사는 사람들은 경제적 자유를 이룬다. 그리고 그 자유 덕분에 삶의 우선순위에 집중하고, 자신만의 라이프스타일을 꾸리고, 중요하게 여기는 것에 헌신할 수 있게 된다. 하지만 재정적 독립을 위한 노력은 인간을 위해 봉사하려는 진정한 열망에서 시작되어야 한다.

# 재정적 독립

†

재정적 독립에 대해 알아보자. 모든 사람은 재정적 독립, 큰돈을 버는 것, 부유해지는 것에 대해 자신만의 개념을 확립해야 한다. 그런 말을 다소 불편하게 여기는 사람도 있을 것이다. 나는 그 점을 이해한다. "돈에 대한 애착은 모든 악의 근원이다"라는 격언을 들어 보았을 것이다. 맞는 말이다. 돈 자체가 악은 아니지만, 돈을 버는 악한 방법은 분명 존재한다.

권력에 대한 탐욕과 욕망은 위험하다. 1987년 개봉한 영화 『월 스트리트Wall Street』와 달리 탐욕은 좋은 것이 아니다. 탐욕은 반드시 다스리고 통제해야 하는 해악이다. 탐욕은 자기 몫보다 더 많이 차지하려 하고, 다른 사람을 희생해서 무언가를 얻으려 한다. 그것은 해악이다. 법을 어기거나 다른 사람을 이용하는 탐욕스러운 사람들은 잘못에 대한 대가를 치러야 한다. 탐욕은 많은 사람을 재앙에 빠트렸고, 앞으로도 그럴 것이다. 예를 들어, 스탈린, 히틀러, 마오쩌

둥은 권력에 대한 탐욕으로 1억 4,000만 명 이상을 죽음으로 몰아넣었다.* 절대 권력은 절대적으로 부패한다.

반면 적절하고 정당한 야망은 좋은 것이다. 그런 야망은 이런 말로 표현된다.

"나는 타인의 희생이 아닌 타인에 대한 봉사를 통해 무언가를 얻고 싶어."

예수의 말씀 중에 "누구든지 첫째가 되고자 하면……"은 성공을 위한 가장 좋은 시나리오라고 생각한다. 최고가 되려는 것은 잘못이 아니다. 나는 그것을 '현명한 이기심'이라고 부른다. 이어서 예수님은 "뭇 사람의 끝이 되며 뭇 사람을 섬기는 자가 되어야 하리라"**라고 말씀을 맺으며 최고가 되고자 하는 사람들에게 비결을 알려 주었다.

지그 지글러Zig Ziglar는 이렇게 말했다.

"많은 사람이 원하는 것을 얻도록 돕는다면 당신은 원

---

* 나이절 존스Nigel Jones, "스탈린에서 히틀러까지, 세계에서 가장 살인적인 정권들 From Stalin to Hitler, the most murderous regimes in the world", 〈데일리 메일 Daily Mail〉
** 마가복음 9장 35절, 《리빙 바이블Living Bible》

하는 것을 모두 가질 수 있다."

이것은 탐욕이 아니다. 타인에게 봉사하려는 정당한 야
망이다. 많은 사람에게 봉사하면 최고가 되어 큰 인정과
만족을 얻을 수 있다. 그러나 사람들은 부자가 되는 방법
이 있다는 사실을 잘 이해하지 못한다.

나는 젊은이들에게 40세 안에 부자가 되는 방법을 수년
동안 가르쳤다. 더 영리하거나 특별한 기회를 찾으면 그
시기는 더 빨라질 수도 있다. 어떤 사람들은 내가 아이들
에게 부자가 되는 법이나 돈 버는 법을 가르치는 것에 대
해 다소 우려한다. 아마 그들은 내가 아이들에게 탐욕스럽
고 이기적인 사람이 되는 법을 가르친다고 생각했을 것이
다. 하지만 그렇지 않다.

나는 성인과 청소년에게 재정적으로 독립하는 방법을
가르치기 위해 강의를 수정했다. 내가 내린 재정적 독립의
정의는 '개인 자원에서 비롯된 수입으로 생활할 수 있는 능
력'이다. 이것은 가치 있는 목표다. 가치 있고 정당한 야망
은 좋은 서비스를 제공하고 시장에서 기술을 개발하는 것

이다. 또한 투자할 수 있는 충분한 재정적 자원을 확보하고 자신의 개인 자원에서 비롯된 수입으로 독립적인 생활을 영위할 수 있을 만큼 가치 있는 사람이 되는 것이다. 그런 다음 개인 자원과 수입을 현명하게 관리하면 원하는 것을 갖고, 특별한 프로젝트를 지원하고, 자신에게 중요한 것을 신경 쓸 수 있다. 나는 이러한 재정적 독립이야말로 가치 있는 야망이라고 생각한다.


## 재정 감각

†

이러한 배경을 바탕으로 읽어보면 좋을 책을 한 권 추천하고 싶다. 조지 S. 클레이슨George S. Clason의 《바빌론 부자들의 돈 버는 지혜The Richest Man In Babylon》다. 이미 읽었을 수도 있지만, 그래도 다시 읽어 보기 바란다. 얇은 책이기 때문에 하루 저녁이면 읽을 수 있다. 나는 이 책이 재정적 독립이라는 주제를 논의하기 위한 일종의 애피타이저라고 생각한다.

이 책의 핵심 주제는 '무엇을 갖고 있느냐'보다 '가진 것으로 무엇을 하느냐'가 더 중요하다는 점이다. 즉, '무엇을 얻느냐'보다 '얻은 것으로 무엇을 하느냐'가 더 중요하다. 가진 것으로 무엇을 하는지를 보면 그 사람에 대해 많은 것을 알 수 있다. 삶의 철학, 태도, 알고 있는 것, 생각하는 것, 성격 등이 드러나기 때문이다. 그뿐만 아니라 그 사람의 머릿속에서, 즉 가치 체계와 의사결정 과정에서 무슨 일이 일어나고 있는지 나타난다.

'가진 것으로 무엇을 하는가'는 판단하고 지각하는 능력 또한 보여 준다. 외면은 항상 내면을 반영하기 마련이다. 외면은 내면을 보여 주는 표시이자 신호다. 앞서 말한 것을 기억하라. 모든 것은 옳고 그름을 나타내는 징후다. 그것은 철학을 잘못 선택했다는 초기 신호일 수도, 중요한 무언가를 잘못 읽거나 잘못 이해하거나 잘못 계산하고 있다는 표시일 수도 있으므로 무시하지 않는 것이 현명하다.

따라서 무엇보다도 당신 자신을 살펴보라. 당신이 가진 돈으로 무엇을 하고 있는지가 당신을 말해 준다. 물론 지금 하고 있는 일이 괜찮을 수도 있다. 내 제안은 그저 한번 살펴보라는 것이다.

이제 클레이슨이 제시한 좋은 재무계획이란 무엇인지 자세히 알아보자.

## 재무계획의 세부 사항

†

다음은 실행에 옮기는 첫날부터 당신을 성공으로 이끌 수 있는 계획이다.

### 수입의 70퍼센트로 생활하라

첫째, 당연하고도 중요한 원칙이 있다. 바로 순수입의 70퍼센트로 생활하는 법을 배우는 것이다. 순수입이란 세금을 내고 남은 돈을 의미한다. 왜 70퍼센트인가? 나머지 30퍼센트로 특별한 일을 할 것이기 때문이다. 따라서 70퍼센트가 당신이 생활비로 쓰는 돈이다.

이제 나머지 30퍼센트를 배분하는 방법에 대해 이야기해보자. 언젠가 나는 쇼프 선생님께 이렇게 말한 적이 있다.

"돈이 더 많았다면 더 좋은 계획을 세웠을 겁니다."

그러자 선생님은 이렇게 말씀하셨다.

"론, 더 좋은 계획이 있었다면 더 많은 돈을 벌었을 거네."

중요한 것은 액수가 아니라 계획이다. 그리고 계획의 핵심은 얼마를 배분하느냐가 아니라 어떻게 배분하느냐다.

### 수입의 10퍼센트를 기부하라

배분 프로세스의 첫 번째 구성을 살펴보자. 30퍼센트 중 10퍼센트는 기부해야 한다. 사회에서 얻은 것을 환원하여 자립하기 어려운 사람들을 돕는 것이다. 나는 10퍼센트가 적당하다고 생각하지만, 당신이 더 적절한 비율을 정할 수도 있다. 당신의 삶이고 당신의 계획이기 때문이다. 어쨌든 타인을 돕는 기관이나 단체에 돈을 기부하는 것은 훌륭한 일이다. 직접 관리하든 기관에 기부하든 10퍼센트는 자선 활동에 사용하라.

이 배분 프로세스를 아이들에게 가르치기 가장 좋은 시기는 아이가 첫 용돈을 받을 때다. 불우한 사람들이 사는 곳을 아이에게 직접 보여 주어 도움이 필요한 사람들, 스스로 돌볼 수 없는 사람들이 있다는 것을 깨닫게 하라. 아이들은 넓은 마음을 갖고 있다. 따라서 문제를 보면 용돈 1달러당 10센트씩 기부하는 것도 주저하지 않을 것이다.

그리고 한 가지 더 언급하면 지금부터, 즉 금액이 적을 때부터 배분을 시작하라. 1달러를 가졌을 때 10센트를 내놓는 것은 매우 쉽다. 5,000달러를 가졌을 때 500달러를 내놓는 것도 어렵지 않다. 하지만 100만 달러를 가졌을 때 10만 달러를 내놓는 것은 다소 어려워진다. 지금 당신은 이렇게 말하는 것이 쉬울 것이다.

"내게 100만 달러가 있다면 10만 달러 정도는 기꺼이 내

놓겠어."

과연 그럴까? 10만 달러는 매우 큰돈이다. 따라서 기부는 하루빨리 시작하는 것이 좋다. 그래야 큰돈이 들어오기 전에 습관을 형성할 수 있다.

**수입의 10퍼센트를 관리 자본으로 삼아라**

10퍼센트는 자본으로 떼어 두고 활용 방법을 찾아라. 직접 무언가를 사고팔아 보아라. 무언가를 매입해서 고친 다음 팔아서 이윤을 남겨라. 잠깐이라도 좋으니 상거래에 참여하라. 집은 자본 프로젝트를 시작하기에 좋은 출발점이다.

내가 사는 미국에서는 누구나 자본주의에 참여해야 한다. 우리는 자본의 주인이 민간이라고 받아들인다. 반면 공산주의는 자본의 주인이 정부라고 가르친다. 이것이 이데올로기의 가장 큰 차이다.

공산주의는 인간이 너무 어리석어서 자본으로 무엇을 해야 할지 모르기 때문에 자본을 정부가 사용하도록 모두

넘겨야 한다고 믿는다. 한편 자본주의 국가에서는 사람들이 자본을 사용해 상품과 서비스에 대한 아이디어를 생각해 내고, 그것을 소비자들이 구매하도록 시장에 내놓을 것이라고 믿는다. 즉, 나이, 인종, 배경을 막론하고 모든 사람에게 풍부한 기회를 제공하는 역동적인 기업인 셈이다.

### 수입의 10퍼센트를 투자하라

마지막 10퍼센트는 금융기관에 넣기를 권한다. 이것은 어떤 사람에게든 좋은 방법이다. 은행이나 신용조합에 10퍼센트를 저축하면 시장에 자본을 제공하게 된다. 사회에는 많은 자본을 필요로 하는 프로젝트들이 있다. 그래서 우리는 돈을 빌리거나 투자할 수 있는 시스템을 마련하고 있으며, 이를 통해 대기업들은 더 많은 일자리, 제품, 서비스를 제공하고 더 역동적인 사회를 만드는 데 기여할 수 있다.

핵심은 1달러를 벌면 10센트는 저축 계좌에 넣어야 한다는 것이다. 나는 그것을 '투자 계좌'라고 부른다. 그리고 아이들은 이 시스템을 정말 좋아한다! 우리가 은행에 돈을 맡기면 은행은 당신의 돈을 사용한 것에 대해 대가를 지불한다. 즉, 은행은 우리가 빌려준 돈에 이자를 더해 돌려주고, 우리는 돈을 사용하게 해 준 대가로 수익을 얻는다.

십 대 때 저축과 투자를 시작하면 일을 하든 사업을 하든 마흔 무렵에는 해야 하는 일 대신 하고 싶은 일을 평생 할 수 있을 만큼 부유해진다. 이 사실을 아이들에게 꼭 가르쳐라. 저축과 투자를 빨리 시작할수록 재정적 독립을 이루는 데 걸리는 기간이 짧아지며, 그 기간은 어떤 아이디어와 기회를 활용하느냐에 따라 달라진다.

예를 들어, 미세스 필즈Mrs. Fields는 이십 대에 새로운 초코칩 쿠키를 개발했다. 그녀는 700여 개의 매장을 열기에 이르렀고, 사십 대에는 4억 달러에 회사를 매각했다. 이는 정부가 아닌 민간의 손에 자본이 있을 때 어떤 결과가 나오는지 보여 주는 대표적인 사례다.

규모는 작지만, 마찬가지로 유익한 사례가 있다. 10살짜리 아이가 1달러를 들고 동네를 찾아보다가 부서진 채 버려진 수레를 발견했다. 아이는 1달러를 내고 수레를 사다가 깨끗이 닦고, 녹을 벗겨 내고, 페인트를 칠하고, 찌그러진 바퀴를 펴서 새것처럼 고친 다음 11달러에 되팔았다. 이 아이는 10달러라는 수익을 얻을 만한가? 물론이다. 이제 사회에는 고쳐진 수레가 생겼다.

바로 이것이 핵심이다. 무언가를 찾아서 더 좋게 만들어라. 가치를 창출하고 자산을 쌓아라. 그것이 바로 미국 사회가 설립된 방식이다. 누구나 기여할 수 있고, 누구나 수익을 얻을 수 있으며, 누구나 시장에 가치를 더할 수 있다. 우리는 모두 자본, 수익, 자산, 가치를 연구할 수 있고, 모든 사업에 종사할 수 있고, 풍요로운 일상과 부를 가져다주는 규율을 실천할 수 있다. 우리 모두와 아이들은 그 어느 때보다 가장 강하고 매력적인 사회를 세울 수 있다. 우리에게는 이미 지식, 도구, 학교, 시장, 자원이 있다. 이제 필요한 것은 의지뿐이다.

시작하자. 부는 의지가 있는 사람에게 돌아간다.

# 재정적 규율

†

재정적 독립을 위한 규율을 몇 가지 더 살펴보자.

### 계좌를 엄격히 관리하라

"돈이 다 어디로 가는지 모르겠어! 줄줄 새는 것 같아."

이런 말이 당신의 철학이 되지 않도록 하라. 돈은 규율에 맞게 관리해야 한다. 계좌를 엄격히 관리하면 돈이 어디에 있는지, 어디에 있어야 하는지 정확히 알게 될 것이다.

### 새로운 태도와 새로운 개념을 개발하라

한때 나는 "세금 내는 게 싫다"라고 말하곤 했다. 그에 쇼프 선생님은 이렇게 말씀하셨다.

"그건 우리가 살아가는 한 방식이라네."

"누구나 세금을 싫어하지 않나요?"

"그렇지 않네. 그걸 넘어선 사람들도 있어. 자네가 세금에 대해 이해하고 나면……."

쇼프 선생님은 세금이 민주주의, 자유, 자유 기업 체제라는 황금알을 낳는 거위를 돌보고 먹여 살린다고 설명했다. 황금알을 낳는 거위에게 먹이를 주고 싶지 않은가?

"거위가 너무 많이 먹는단 말이야!"라고 말하는 사람도 있을 것이다. 나도 그 점을 충분히 이해하며, 실제로 맞는 말이다. 하지만 거위가 없는 것보다는 자본이 많이 들더라도 있는 것이 낫다.

그리고 사실을 말하자면, 우리 모두가 너무 많이 먹는 상태다. 나와 입장이 다르다고 해서 비난하지 말라. 물론 정부는 다이어트가 필요하다. 우리 대부분도 마찬가지다. 하지만 전체 상황을 이해한다면 우리는 황금알을 낳는 거위를 돌보고 먹이를 주어야 한다. 올바른 태도를 가져라.


또 나는 "청구된 금액을 내는 게 싫다"라고 말하곤 했다. 쇼프 선생님은 역시 "그건 우리가 살아가는 한 방식이라네"라고 말씀하셨다.

"누구나 청구된 금액을 내는 걸 싫어하지 않습니까? 그 돈을 내는 걸 좋아할 수 있을까요?"

"물론이지. 다만 부채를 줄이고 자산을 늘리게. 그렇게 되고 싶지 않은가?"

그래서 나는 청구서 납부에 대해 완전히 새로운 태도를 갖기 시작했다. 당신도 할 수 있다! 다음에 계좌에서 100달러를 지불할 때에는 "기쁜 마음으로 100달러를 보냅니다"라는 메모를 적어라. 은행 직원들은 그런 메모를 거의 받아 보지 못했을 것이다. 그러나 그 메모에 담긴 당신의 진의는 "부채를 줄이고 자산을 늘려라!"다.

나는 사고방식을 바꾸었고, 이제 불평하지 않고 청구된 금액을 납부한다. 돈이 계속 순환하도록 하는 것이다. 세금 납부는 황금알을 낳는 거위에게 먹이를 주는 것과 같다. 이것은 전적으로 태도의 문제다.

태도에 대해 한 가지를 더 살펴보자. 다음은 고대 성경에 나오는 대표적인 이야기다.

예수께서 헌금함을 대하여 앉으사 무리가 어떻게 헌금함에 돈 넣는가를 보실새 여러 부자는 많이 넣는데 한 가난한 과부는 와서 두 렙돈 곧 한 고드란트를 넣는지라. 예수께서 제자들을 불러다가 이르시되 "내가 진실로 너희에게 이르노니 이 가난한 과부는 헌금함에 넣는 모든 사람보다 많이 넣었도다. 그들은 다 그 풍족한 중에서 넣었거니와 이 과부는 그 가난한 중에서 자기의 모든 소유, 곧 생활비 전부를 넣었느니라" 하시니라.*

얼마나 훌륭한 교훈인가. 중요한 것은 금액이 아니라 그 금액이 당신의 인생에서 어떤 의미를 갖느냐다. 이제 이 이야기에서 일어나지 않은 시나리오를 통해 가장 큰 지혜를 알아보자. 예수님은 헌금함에서 이 여인이 낸 동전 두 닢을 가져와 돌려주며 이렇게 말하지 않았다.

"가여운 여인이여, 나와 제자들은 당신이 너무 불쌍하고

---

* 마가복음 12장 41절-44절, 《새국제성경》

가난해서 동전 두 닢을 돌려주기로 결정했다."

그런 일은 정말 일어나지 않았다. 예수께서 그렇게 하셨다면 그녀는 모욕감을 느끼고 이렇게 말했을 것이다.

"동전 두 닢이 많지 않다는 것은 알지만, 그것은 제 전 재산이나 마찬가지입니다. 겨우 동전 두 닢이지만 어째서 제가 드리고 싶은 것을 드리지 못하게 하여 저를 모욕하십니까?"

그런 일은 일어나지 않았다. 오히려 예수님은 여인의 신실한 마음과 믿음에 대한 상징으로 그녀의 동전을 헌금함에 남겨 두셨다. 바로 이것이 핵심이다. 금액이 많든 적든, 중요한 것은 수익을 창출해 스스로를 돌볼 수 없는 사람들을 도울 수 있도록 투자하는 것임을 기억하라.

부디 자기 철학을 세우기 바란다. 내 철학을 받아들이라는 것도, 내가 지금껏 권한 비율을 채택하라는 것도 아니다. 일찍 일어나고 늦게까지 깨어 있게 만들 훌륭한 경제 철학을 정립하도록 당신의 생각을 일깨우고 싶을 뿐이다. 이러한 과정을 통해 당신은 미래에 꿈을 실현할 수 있도록 가진 것을 활용하는 방법을 숙고하게 될 것이다.

THE ART OF EXCEPTIONAL LIVING

**8**장

인간관계는
인생의 중요한
열쇠다

성공의 열쇠 중 사람들이 줄곧 간과하는 요소 하나는 바로 '주변 사람들'이다. 우리의 결정, 태도, 행동은 많은 시간을 함께 보내는 사람들의 결정, 태도 행동에 무의식적으로 영향을 받는다. 그러니 특별한 삶으로 향하는 핵심 요소 중 하나는 다른 사람들과의 관계에서 어떤 영향을 받고 있는지 면밀하게 분석하는 것이다. 쇼프 선생님은 일찍이 내게 매우 중요한 경고를 하시며 **"영향력의 힘을 결코 과소평가하지 말게"**라고 말씀하셨다. 이것은 정말 중요한 조언이다.

주변 사람들이 미치는 영향은 매우 강력하다. 이는 보

통 오랜 기간에 걸쳐 작용하기 때문에 당사자조차 자신이 강한 영향을 받고 있다는 사실을 깨닫지 못하는 경우가 많다. 동료 집단의 압력은 매우 미묘하기 때문에 특히 강력한 영향력을 가진다. 만약 주변에 번 돈을 모두 소비하는 사람이 있다면 당신도 번 돈을 모두 소비할 가능성이 크다. 콘서트보다 야구 경기를 더 많이 보러 가는 사람들이 있다면 당신도 그럴 가능성이 크다. 책을 많이 읽지 않는 사람들이 있다면 당신도 그럴 가능성이 크다. 주변 사람들은 아주 조금씩 우리를 길에서 벗어나게 만든다. 그 사실을 깨닫지 못하면 결국 10년 뒤 엉뚱한 곳에서 "내가 왜 여기에 왔지?"라고 갸우뚱하게 될 것이다. 내가 계획한 대로 인생이 펼쳐지길 원한다면 그러한 미묘한 영향력에 대해 면밀히 검토해야 한다.

이제 당신의 현재 관계를 더 효과적으로 분석하는 데 도움이 될 세 가지 핵심 질문을 살펴보자.

# 세 가지 핵심 질문

†

**① 내 주변에 가장 자주 있는 사람은 누구인가?**

이것은 스스로에게 물어볼 만한 좋은 질문이다. 가장 자주 교류하는 사람들을 정신적으로 연구하라. 영향력 범위 안에 있는 모든 사람, 즉 당신에게 영향을 미칠 수 있는 사람들을 진지하게 평가하라.


**② 내게 영향을 미치는 유명인들은 내게 어떤 작용을 하는가?**

이것은 다음 질문으로 이어지는 중요한 질문이다.


- 그들이 하면 나도 그렇게 하는가?

- 그들이 들으면 나도 그것을 듣는가?

- 그들이 읽으면 나도 같은 책이나 기사를 읽는가?

- 그들이 가는 곳에 나도 가는가?

- 그들의 인생관이 내 인생에 영향을 미치는가?

- 그들이 말하는 방식이 내 말투와 화법에 영향을 미치는가?

- 그들이 느끼는 방식이 내 감정에 영향을 미치는가?

다른 사람들이 당신에게 부정적 또는 긍정적으로 어떤 영향을 미치는지 진지하게 검토해야 한다. 당신이 영향받는 유명인, 인플루언서들은 아마 괜찮은 사람일 것이다. 하지만 그들이 당신의 인생에 어떤 영향을 미치는지 자주 평가해 보는 것은 나쁘지 않다.

### ③ 당신이 가깝게 지내는 사람들의 집단적 영향력이 적절한가?

그럴 수도 있고 아닐 수도 있다. 여기서 내가 제안하는 것은 당신에게 특히 큰 영향력을 발휘하는 사람들을 다시 한번 살펴보라는 것이다. 부정적인 영향력이든 긍정적인 영향력이든 모두 당신의 인생에 엄청난 결과를 가져올 수 있다. 둘 다 당신을 어딘가로 데려가지만, 당신을 진정 원하는 방향으로 데려가는 것은 하나뿐일 것이다.

인생에서 영향력을 무시하고 넘어가기란 쉽다. "나는 여기 살고 있지만, 그게 중요하다고 생각하지 않아요" 또는

"나는 이 사람들과 가깝지만, 그게 해롭다고 생각하지 않아요"라고 말할 수도 있지만, 나라면 다시 살펴볼 것이다. 이 세상의 모든 것이 중요하다. 모든 것에는 무게가 있으므로 당신이 맺고 있는 관계가 저울을 긍정적인 쪽으로 기울이는지 부정적인 쪽으로 기울이는지 계속 확인해야 한다. 살펴보는 것은 해가 되지 않는다. 하지만 모르는 것은 결코 최선의 방법이 아니다. 아는 것이야말로 최선이다.

이 책의 목적은 당신이 결국 이렇게 말하는 것이다.

"나 자신을 속이는 건 끝났어. 내가 어떤 사람이 되고 있는지 알고 싶어. 내 강점과 약점이 무엇인지, 무엇이 나를 지배하는지, 누가 내게 영향을 미치는지 알고 싶어. 내가 내 인생에 영향을 미치도록 놔둔 것은 뭐지?"


한 가지 우화를 들려주겠다. 작은 새 한 마리가 날개로 눈을 가리고 울고 있었다. 그러자 부엉이가 울고 있는 작은 새에게 다가가 말했다.

"얘야, 너 울고 있구나."

작은 새가 고개를 끄덕였다. 부엉이는 이렇게 말했다.

"저런, 큰 새가 네 눈을 쪼아서 울고 있었구나."

그러자 작은 새는 눈을 가리고 있던 날개를 치우며 말했다.

"아뇨. 큰 새가 내 눈을 쪼아서 우는 게 아니에요. 내가 그렇게 하도록 놔뒀기 때문에 우는 거예요."

영향력이 우리의 삶을 형성하고, 관계가 우리의 방향을 결정짓고, 설득이 우리를 압도하고, 파도가 우리를 휩쓸고, 압박이 우리를 짓누르도록 놔두는 것은 쉽다. 중요한 것은 '자신이 되고자 하는 사람이 되도록 스스로를 놔두고 있는가?'라고 묻는 것이다.

## 삶을 자신의 의지대로 통제할 것

†

관계와 관련하여 당신이 취할 수 있는 몇 가지 조치가 있다.

## 관계 끊기

첫째, 관계를 끊어라. 앞서 살펴본 세 가지 질문을 검토한 뒤, 주변 사람 중 당신에게 도움이 되지 않아 멀리해야 하는 사람들이 있다는 결론에 도달할 수도 있다. 그것이 쉽지 않다는 걸 이해한다. 하지만 꼭 해야 하는 조치이기도 하다. 그것이 더 이상 부정적인 영향이 미치지 않도록 당신의 인생을 구하는 선택이 될 수도 있다는 점을 기억하라.

## 관계 제한하기

당신이 취해야 할 두 번째 조치는 특정 사람들과의 관계를 제한하는 것이다. 당신은 어떤 사람들과 특정 영역에서 너무 많은 시간을 보내고 있을 수도 있다. 우리는 잘못된 곳에 시간과 노력을 쏟곤 한다. 야구장에서 3시간을 보내면서 설교는 30분밖에 듣지 않는 사람은 균형이 맞지 않는 삶을 살고 있는 것이다. 5년 또는 10년 후 평생의 총가치를 살펴볼 때 이는 결코 좋은 영향을 주지 않는다. 그저 그런 인생으로 끝나는 가장 쉬운 방법 중 하나가 바로 사소한 일에 중요한 시간을 쓰는 것이다.

다음은 모든 결정을 고려하는 것이다. 똑똑한 사람들은 시간이나 돈을 쓰기 전에 신중히 고려하는 법을 배운다. 어떤 일에 쏟는 시간이나 돈이 많든 적든 먼저 따져 보아라. 그렇지 않으면 중요하지 않은 사람들과 많은 시간을 보내게 될 수 있다. 물론 가벼운 친구를 사귀는 것도 좋은 일이다. 그들과 진지한 시간이 아닌 가벼운 시간을 보낸다면 말이다. **중요한 사람과는 중요한 시간을, 사소한 사람과는 사소한 시간을 보내라.** 많은 경우 이와 반대로 하고 있다. 그런 함정에 빠지지 않도록 하라.

다른 사람들이 당신의 인생에 미치는 영향력을 개선하기 위해 해야 할 일은 중요하지 않은 사람들과 보내는 시간을 제한하는 것이다. 당신은 스스로 이렇게 다짐해야 한다.

"지금까지 이 사람들과 좋은 시간을 보냈지만, 더 이상 종일 함께 보내지는 않겠어. 긍정적인 사람들에게 더 많은 시간을 할애하고 중요한 사업에 더 많은 시간을 쏟을 거야."

인생은 당신의 것임을 기억하라. 당신은 원하는 때에 원하는 사람과 시간을 보낼 수 있음에도 불구하고 내 농담이나 읽으려고 이 책에 시간을 투자하지는 않았을 것이다. 당신의 우선순위와 가치를 살펴보라. 우리에게 주어진 시간은 너무나 짧다. 그 시간을 현명하게 투자하는 것이 합당하지 않겠는가?

주머니에 100달러밖에 없다면 20달러는 즐거움을 위해 쓰고 80달러는 중요한 가치와 약속을 위해 쓰는 것도 괜찮다. 하지만 그 비율을 반대로 한다면 당신에게 장기적으로 도움이 되겠는가? 그렇지 않다. 잠깐 좋았다가 형편없는 결과로 끝나는 곳에 투자하는 것보다 긍정적인 수익을 얻을 수 있는 곳에 돈을 투자하는 것이 좋다.

물론 판단은 당신이 해야 한다. 당신의 상황과 주변 사람들을 검토하여 관계를 끊거나 제한할지 결정해야 한다. 하지만 기억하라. 어떤 관계가 5년 또는 10년 뒤 당신을 엉

뚱한 곳에 데려다 놓을 것 같다면 지금이 그 관계를 바로
잡을 때다.

### 관계 확장하기

세 번째는 관계를 확장하는 것이다. 지금 바로 이 과정
을 시작하라. 올바른 사람, 즉 부와 교양을 갖춘 사람, 철학
과 규율을 이해하는 사람, 성취를 이루고 품성을 갖춘 사
람과 더 많은 시간을 보내라.

수년 전 쇼프 선생님은 이렇게 말씀하셨다.

"론, 진정으로 성공하기를 바란다면 올바른 사람들과 어
울려야 하네. 현재 상황에서 자네는 인간관계 계획을 세워
야 할 것 같군."

맞는 말이었다. 나는 올바른 사람들과 닿기 위해 계획
을 세워야 했다. 언젠가 나는 성공한 사람들과 만날 때면
약속 장소에서 몇 블록 떨어진 곳에 차를 세워 놓곤 했다.
그들이 낡아 빠진 내 차를 보는 것이 창피했기 때문이다.
가끔 "여기까지 어떻게 오셨어요?"라는 질문을 받으면 "아

는 분이 태워 주셨어요"라고 거짓으로 답하곤 했다. 나를 몇 블록 떨어진 곳에 내려 준 사람은 바로 나였다.

관계를 확장하려면 자신에게 다음과 같은 질문을 계속 던져 보라. '내 인생에 긍정적인 영향을 미칠 사람은 누구인가? 나는 그 사람과 시간을 보낼 수 있는가?' 나는 올바른 사람들을 만나기 위해 내가 할 수 있는 모든 방법을 동원했다. 그리고 그 노력은 충분히 가치 있었다. 해야 하는 일이라면 그게 어떤 일이든 하라.

중요한 사람들을 만나기 위해서는 약간의 점심값 정도만 투자하면 된다. 점심값을 내는 대신 부유하거나 성공한 사람과 한두 시간 동안 자리할 기회를 얻는다니, 거저나 다름없지 않은가? 그 사람이 당신의 인생을 바꿀 아이디어를 제시해 줄 수도 있다. 성공 계획은 성공한 사람에게 배워야 한다. 실패한 사람에게 돈에 대해 배우지 마라.

재산이 그리 많지 않은 사람들도 재무 계획을 시작할 수 있다. 마찬가지로 건강 계획을 시작하기 위해 건강해야 하는 것도 아니다. 당신은 자신의 계획이 잘못됐을 때 그 사실을 깨닫고 더 나은 사람에게 도움을 청할 수 있을 만큼 현명하기만 하면 된다.

성공 계획을 세우도록 도와줄 성공한 사람을 찾아라. 더 나은 건강 계획을 실행하도록 도와줄 건강한 사람을 찾아라. 당신만의 라이프스타일 계획을 위해 특별한 라이프스타일을 가진 사람을 찾아라. 이것은 '의도적 관계 형성 association on purpose', 즉 당신의 영향력 범위를 확장하여 올바른 사람들을 사귀는 것이다.

〈6장. 다섯 가지 필수 능력〉에서 소개했듯, 내게는 특별한 친구가 있다. 그는 백만장자이자 사업가이며 여행가다. 그리고 내가 보기에 세계 최고의 철학자 중 한 명이다. 나는 그와 더 많은 시간을 보내려고 항상 노력한다. 그는 시간을 가치 있게 만드는 두 가지 특별한 재능이 있다. 바로 흡수하는 능력과 표현하는 능력이다. 흡수하는 능력이란 하루의 모든 일들을 기억하는 것이다. 그는 세세한 일상과 자신이 읽은 모든 책을 기억한다. 그의 두 번째 재능은 표현하는 능력이다. 그는 자신이 보고, 만지고, 느낀 모든 것을 흥미진진하게 표현할 수 있다. 그가 이야기할 때면 나는 물이 찰랑이는 것을 느끼고, 색깔을 보고, 꽃과 음식의 향기를 맡을 수 있다. 흡수하고 표현하는 것, 이 얼마나 훌륭한 재능인가.

그와 하루를 보내면 그만한 가치를 얻는다. 그는 하루의 대화에 1년을 담을 수 있고, 나는 그의 이야기에 넋을 잃고 몰두한다. 그는 책을 간략히 요약해 설명할 수 있으며 종종 내가 직접 읽는 것보다도 더 흥미진진하게 이야기해 주기도 한다. 셰익스피어에서 비틀즈까지, 아프리카에서 비버리 힐스까지 그는 모르는 것이 없다. 그리고 항상 활기차고 정확하게 표현한다. 나는 이 귀중한 관계를 통해 지식, 인식, 기술, 사업, 라이프스타일 등을 몇 배로 향상시킬 수 있었다.

또 다른 요소를 생각해 보자. **좋아하는 식당은 있지만, 좋아하는 사상가는 없다면 당신은 불쌍한 사람이다.** 우리는 몸의 양식을 위해 좋아하는 것, 좋아하는 장소 등을 선택하지만, 마음의 양식을 위해서는 그렇게 하지 않는다.

영향력 있는 사람들과 관계를 맺는 한 가지 방법은 그들의 글, 책, 웹사이트, 블로그 등 찾을 수 있는 모든 것을 활용하는 것이다. 성공한 사람들을 직접 만나는 것은 어렵지만, 그들에 대해 읽는 것은 쉽다. 윈스턴 처칠Winston Churchill은 오래전에 사망했지만, 우리는 그가 남긴 책을 통해 그의 인생을 배울 수 있다. 아리스토텔레스Aristotle는 훨씬 더 오래전에 사망했지만, 우리는 여전히 그의 사상을 접한다. 도서관에서 책을 찾고 잡지와 다큐멘터리를 찾아보라. 인간관계와 지식에 대해 의미 있는 시간을 얻을 여러 가지 방법이 있다.


## 의견 공유하기

†

읽고 듣는 것 외에 대화와 의견 공유 또한 필요하다. 내 주변에는 인생의 중요한 질문에 대한 답을 찾고, 나만의 철학을 다듬고, 가치를 따지고, 성공과 삶에 대해 숙고하는 데 도움을 주는 사람들이 있으며, 나는 그들과 정기적으로 시간을 보낸다.

우리는 사회, 돈, 기업, 가족, 정부, 사랑, 우정, 문화, 취향, 기회, 공동체 등의 주요 이슈에 영향력을 발휘하는 사람들과 관계를 맺을 필요가 있다. **행동은 주로 생각의 영향을 받고, 생각은 교육의 영향을 받는다.** 그리고 교육은 우리가 관계를 맺는 사람들의 영향을 받는다. 그러니 가벼운 사람들과 어울리지 말고, 당신의 생각, 철학, 사업, 목표, 삶에 대해 올바른 질문을 할 수 있는 사람들과 어울려라. 수요가 많은 곳, 기대치가 높은 곳, 스포트라이트를 받는 곳으로 가서 지금보다 더 성장하고 더 많은 것을 이루어라.

내 인생에서 가장 큰 행운 중 하나는 5년 동안 쇼프 선생님과 함께한 것이다. 선생님은 저녁 식사 자리에서, 비행기에서, 비즈니스 콘퍼런스에서, 사적인 대화에서, 여러 동료와의 자리에서 내게 많은 가르침을 나눠 주셨고, 그 가르침과 아이디어를 통해 나는 내 생각과 행동을 유익한 방향으로 변화시킬 수 있었다. 그리고 크고 작은 매일의 변화들이 1년, 3년, 5년에 걸쳐 차곡차곡 쌓여 중대한 변화로 이어졌다.

## 질문의 중요성

†

쇼프 선생님은 중요한 생각들을 여러 번 반복해서 말씀하셨다. 인생 철학의 토대가 되는 핵심 내용은 아무리 들어도 충분하지 않다. 더 많이 들을수록 더 많이 흡수할 수 있다.

또 쇼프 선생님에게는 내 발전의 정도를 점검할 수 있는 특별한 능력이 있었다. 이처럼 당신도 자신의 발전 정도를 알 수 있어야 하며, 그것을 모니터링해 줄 사람을 곁에 두어야 한다.

목표 설정에 대한 쇼프 선생님의 조찬 강연을 들은 후

처음 작성한 목표 목록을 결코 잊지 못한다. 내가 적은 목표는 네다섯 가지밖에 없었다. 그 목록을 보여드리자 선생님은 이렇게 말씀하셨다.

"이게 자네 목표인가?"

내가 그렇다고 대답하자 선생님은 성공한 사람이라면 당연히 묻는 현명한 질문을 던지기 시작했다.

"건강 목표를 세워 보는 건 어떤가?"

내 목록에는 건강에 관련된 목표가 전혀 없었다.

"투자 목표를 세워 보는 건 어떤가?"

그것도 내 목록에는 없었다.

"여행 목표는? 가족 목표는? 재능과 공유를 위한 목표는? 만나 보고 싶은 사람은 없는가? 어떤 사람이 되고 싶은가? 어떤 기술을 개발하고 싶은가? 책이나 시를 쓰고 싶었던 적이 있는가? 권력, 영향력, 문화적 소양을 갖춘 세련된 사람이 되고 싶지는 않은가? 빚에서 벗어나고 싶은가? 최고의 책들이 가득한 멋진 도서관에 가 보고 싶지는 않은가? 새로운 친구를 사귀고 싶은가? 비행기에서 낙하산을 메고 뛰어내리고, 글라이더로 하늘을 날고, 나만의 음악 감상실을 갖고 싶었던 적이 있는가? 뉴욕, 파리, 로마에 가 보고 싶은가? 언젠가 목장이나 산속 오두막이 갖고 싶은가? 이 세상에 증명하고 싶은 것이 있는가? 남기고 싶은 발자취가 있는가?"

그야말로 놀라운 대화였다. 나는 이를 통해 생각을 확장할 수 있었다. 이것은 내가 5년 동안 선생님과 나눈 수많은 대화 중 하나일 뿐이다. 올바른 질문을 건넬 수 있는 사람이 있다는 것이 얼마나 큰 힘인지 모른다. 중요한 것은 대답만이 아니다. 질문 또한 중요하다. 가장 귀중한 영향력은 중요한 질문을 던질 수 있는 인식과 기술을 지닌 사람들에게서 비롯된다.

### 고려해 볼 만한 일들

존경하는 사람 두세 명을 선정하라. 그리고 그들에게 누군가의 성공적이고 행복한 인생에 도움이 되기 위해 몇 가지 질문을 해야 한다면 무엇을 물을 것인지 그 목록을 작성해 달라고 요청하라. 세 명에게 목록을 받아 보면 그 차이에 깜짝 놀랄 것이다. 성공한 사람들은 다양한 경험과 태도로 인생에 접근한다. 이제 이 질문들을 통해 앞으로 몇 년 동안 분주히 해결해야 할 숙제를 얻은 것이다.

나는 쇼프 선생님과의 관계를 통해 꾸준히 성장할 수 있었고, 그리고 이를 통해 얻은 모든 것에 질문을 적용해 볼 수 있게 되었다. 정말 중요한 배움이었다. 처음에는 몇몇 질문을 대수롭지 않게 여기기도 했으나 나중에는 그 중요성을 깨닫게 되었다. 변화하는 것은 질문이 아니라 나였다.

책을 읽거나 오디오북을 듣는 것과 같이 점검할 수 있는 경험을 하다 보면 읽고 듣는 것에 새로운 가치를 부여하게 된다. 새로운 수준에서 읽고 듣게 되는 것이다. 그리고 그 새로운 수준에서 얻은 본질적 지식과 지혜는 당신의 부와 삶을 발전시키는 밑바탕이 된다.

한 가지 더 당부하고 싶은 것이 있다. 실력과 부를 갖춘 사람들이 어울리고 싶어 하는 사람이 되어라. 능숙한 말솜

씨, 긍정적인 태도, 해박한 지식과 교양을 갖춘 사람이 되어라. 이러한 평판을 가지면 특별한 보상을 받게 될 것이며, 훌륭한 사람들이 당신을 찾게 될 것이다. 가치 있는 사람들을 끌어들이려면 당신이 그만한 매력을 갖추어야 한다는 점을 기억하라.

THE ART OF EXCEPTIONAL LIVING

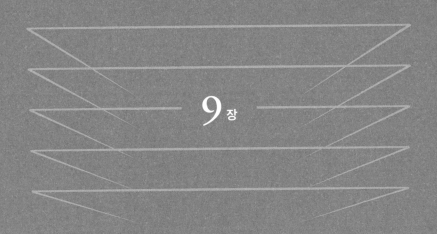

**9**장

목표를 설정하라

**목표 설정은 성취의 기초다.** 명확하고 선명하며 불타오르는 목표는 미래를 그리고, 그 미래를 향해 나아가는 데 필요한 영감을 제공한다.

이제 당신은 삶의 모든 영역에서 변화를 일으키기 위한 철학적 토대와 실용적 전략을 갖추었다. 따라서 이 장에서는 내가 변화를 실현하는 데 도움이 되었던 목표 설정 전략에 대해 소개하고자 한다. 목표 설정 방법을 배운 것은 내 인생을 가장 빠르게 변화시킨 솔루션 중 하나였다. 이것을 익히면 당신도 강력한 효과를 얻을 수 있다.

쇼프 선생님을 만나고 얼마 되지 않은 어느 날 아침, 선생님은 식사 자리에서 내게 목표 목록을 보여 달라고 요청하셨다.

"자네의 목표 목록을 보여 주게. 그걸 살펴보고 이야기하기로 하지. 그게 지금 당장 자네를 도울 수 있는 가장 좋은 방법인 것 같네."

"……목표 목록이 없습니다."

"집이나 차에 두고 온 건가?"

"아닙니다. 제게는 목표 목록이랄 게 아예 없습니다."

"그럼 그것부터 시작하세. 목표가 없다면 지금 자네 은행 계좌에는 몇백 달러밖에 없겠군."

나는 그 말에 관심이 생겼다.

"그 말씀은 목표 목록을 제대로 세우면 제 자산이 바뀔 거라는 뜻입니까?"

"아주 급격히 바뀌지."

그날 나는 목표 설정 방법을 배웠다. 그러자 수입, 은행 계좌, 성격, 라이프스타일, 업적까지 인생 전체가 바뀌었다. 따라서 목표 설정에 대해 내가 배우고 실천한 최고의 방법을 당신과 공유하고자 한다.

먼저 모든 사람은 ①환경 ②사건 ③지식 ④결과 ⑤꿈, 이 다섯 가지 요인의 영향을 받는다. 이는 간과될 때가 많지만, 분명히 우리의 삶과 미래관에 영향을 미친다. 이 다섯 가지 영향력 가운데 꿈이 결정과 활동에 가장 큰 영향을 미치게 하라. 당신을 끌어당기는 가장 큰 힘은 미래의 견인력이어야 한다. 꿈이 당신에게 큰 영향을 미치고 미래가 당신을 끌어당기게 하려면 잘 꾸려진 계획이 있어야 한다.

미래를 맞이하는 방법에는 두 가지가 있다. 하나는 걱정이고 다른 하나는 기대다. 많은 사람이 걱정으로 미래를 맞이한다. 왜일까? 미래를 잘 계획해 두지 않았기 때문이다. 그들은 미래에 대해 진지하게 고민하지 않은 채 인생에 대한 다른 사람의 견해를 그저 받아들였을 것이다. 반면 흥미진진한 계획을 세워 두면 기대감으로 미래를 맞이하게 된다. 또한 미래의 결과를 미리 설계하면 상상력이 자극된다. 그리고 그것은 당신에게 막대한 영향력을 발휘한다.

미래를 설계하려면 목표가 있어야 한다. 잘 정의된 목표는 자석처럼 당신을 끌어당긴다. 또한 목표를 잘 정할수록 더 열심히 노력하게 되며, 온갖 어려움 또한 이겨 내게 된다. 목표가 없으면 그저 생계를 유지하는 데 그치는 정도로 삶이 악화되기 쉽다. 경제적 필요에 갇혀 본질보다 생존에 만족하고 마는 것이다. 우리는 모두 선택권을 가졌다. 생계를 유지하는 데 그칠 수도, 적극적으로 인생을 설계할 수도 있다. 이에 관해 쇼프 선생님은 이렇게 말씀하셨다.

"자네의 현재 은행 잔고가 곧 자네의 지적 수준을 나타내는 지표라고는 생각하지 않네. 나는 자네가 풍부한 재능과 역량을 지녔고, 은행 잔고가 나타내는 것보다 훨씬 똑똑하다고 생각하네."

나는 그 말을 듣고 기뻤다. 그것은 사실이었다. 나는 그보다 훨씬 똑똑한 사람이었다. 이어서 나는 선생님께 물었다.

"그런데 왜 돈이 이 정도밖에 없을까요?"

"자네에게는 큰일을 성취할 충분한 이유가 없네. 이유만 충분하다면 놀라운 일을 할 수 있을 걸세. 충분히 똑똑하지만, 동기가 없어. 그게 문제의 열쇠지. 성취의 동기를 찾아야 하네."

## 이유가 먼저, 답은 그다음

†

수년 동안 연구한 결과 이유가 먼저고 답은 그다음이라는 사실을 깨달았다. 인생은 모든 질문에 대한 답을 숨기고 있다. 그리고 반드시 그 답을 찾을 이유가 있고 영감을 얻은 사람에게만 답을 보여 준다. 다시 말해, 자신이 무엇을 원하는지 정확히 알고 절실히 원하면 그것을 얻을 방법을 찾게 된다.

당신이 부자가 되어야 한다면 어떨까? 주변에 그 주제

에 대한 책과 글이 있고 쉽게 구할 수 있는가? 그렇다. 세상에는 좋은 책과 글이 아주 많다. 만약 애써 부자가 될 필요가 없다면 당신은 그런 책을 읽지도, 세미나에 참석하지도 않을 것이다. 답을 찾게 만드는 원동력은 필요성이다. 따라서 먼저 이유를 찾기 위해 노력하고, 그다음 답을 찾아라.

### 개인적인 이유

사람들이 성공하려는 이유에는 무엇이 있을까? 사람마다 그 이유가 다르다. 조금만 자아성찰을 해 보면 당신이 성공하고 싶은 이유를 떠올릴 수 있을 것이다. 그중에는 아주 개인적이고 특이한 이유도 있다. 어떤 사람들은 인정받기 위해 노력한다. 어떤 사람들은 좋은 결과를 얻었을 때 느끼는 성취감 때문에 노력한다. 승자가 된 기분, 그것은 괜찮은 이유 중 하나다.

## 승자가 되는 것

내 주변에는 이미 백만장자임에도 불구하고 더 많은 돈을 벌기 위해 하루에 10~12시간씩 일하는 친구들이 있다. 그들이 계속 일하는 것은 돈이 필요해서가 아니다. 끊임없이 승자가 됨으로써 느끼는 즐거움과 만족감 때문이다. 그들에게 있어 주요 원동력은 돈이 아니다. 그들에게 중요한 것은 여정이다. 수중에 백만 달러가 생기면 평생 일하지 않겠다고 말하는 사람들이 간혹 있는데, 신께서 그 사람이 백만 달러를 갖지 못하도록 하신 것은 그 사람이 생산적인 활동을 그만두려 하기 때문일 것이다.

## 가족

가족은 성공의 또 다른 동기다. 어떤 사람들은 다른 사람들 때문에 대단한 결과를 만들어 내기도 한다. 그것은 매우 강력한 이유다. 때때로 우리는 자신을 위해서라면 하지 않을 일도 다른 사람을 위해 기꺼이 해낸다. 우리는 그렇게 만들어진 존재다. 어떤 사람은 내게 이렇게 말했다.

"론 선생님, 저는 가족과 전 세계를 여행하고, 그들이 원하는 모든 것을 이뤄 주고 싶어요. 그러기 위해서는 일 년에 적어도 25만 달러는 벌어야 합니다."

이 말을 듣고 나는 이렇게 생각했다. '놀랍군. 가족이 이렇게 큰 영향을 미칠 수 있다고?' 물론이다. 다른 사람에게 큰 영향을 받는 사람은 얼마나 운이 좋은가. 그 영향력은 그야말로 강력하다.

### 다른 사람을 돕는 것

자선, 즉 나누고 싶은 열망은 강력한 동기가 될 수 있다. 막대한 부를 이룬 강철왕 앤드루 카네기Andrew Carnegie가 죽은 뒤 그의 서랍에는 종이 한 장이 놓여 있었다고 한다. 그 종이에는 카네기가 이십 대에 적어 놓은 인생의 목표가 쓰여 있었다.

"나는 인생의 전반기를 돈을 모으는 데 쓸 것이다. 그리고 나머지 인생은 그 돈을 모두 베푸는 데 쓸 것이다."

정말 멋진 목표다. 그는 이 목표에 큰 영감을 받아 인생의 전반기 동안 4억 8,000만 달러, 현재 가치로 130억 달러가 넘는 돈을 모았다. 이에 관해 에번 앤드루스Evan Andrews는 이렇게 적었다.

카네기는 이 매각으로 세계 최고의 부자가 되었다. 하지만 "강철왕"으로 불리는 그는 한가롭게 앉아 돈을 세는 것에 만족하지 않았다. "부자로 죽는 것은 부끄러운 일이다"라고 말하며 자선사업가로 거듭난 그는 더 나은 사회를 만드는 데 자신의 재산을 사용하며 남은 생을 보냈다.*

뿐만 아니라 그가 "전 세계에 약 2,800개의 도서관을 설립하는 데 자금을 지원했다"**는 흥미로운 부연 설명도 있다.

---

* 에번 앤드루스, "앤드류 카네기의 놀라운 유산Andrew Carnegie's Surprising Legacy", 〈히스토리 채널The History Channel〉
** 같은 글

앤드루 카네기에게 책은 자기계발과 사회 발전을 위해 없어서는 안 될 중요한 도구였다. 1835년 스코틀랜드의 가난한 가정에서 태어난 미래의 이 사업가는 청소년기에 가족과 함께 미국으로 건너와 펜실베이니아에 정착했다. 그는 13살 때 이미 하루에 12시간씩 일했다. 처음에는 방직공작에서 실 감는 일을 하는 보빈 보이bobbin boy로, 이후에는 전신국에서 전보 배달부로 일했다. 학교에 다닐 시간이 없었던 카네기는 제임스 앤더슨Colonel James Anderson이라는 지역 유지가 어린 노동자들에게 개방한 개인 도서관에서 책을 빌려 혼자 공부했다. 훗날 카네기는 앤더슨의 무료 도서관이 지성을 연마하고 일의 고단함을 더는 데 도움이 되었다고 감사해하며 자서전에 이렇게 적었다.

"그분 덕분에 나는 인류가 쌓아온 수백만 권의 책과도 바꾸지 않을 문학에 대한 취향을 갖게 되었다."*

———
* 같은 글

정말 놀랍지 않은가.

당신을 끓어오르게 만드는 것, 아침 일찍부터 밤늦게까지 열심히 일하게 만드는 것, 당신에게 영감을 불어넣는 것은 무엇인가? 그리고 당신이 차갑게 식도록 만드는 것은 무엇인가? 이 두 가지 질문의 답을 찾자 내 인생은 폭발적으로 변하기 시작했다. 마침내 나는 나 자신을 가로막던 부정적인 생각이 무엇인지 알게 되었다. 그리고 그것을 흥미롭고 긍정적인 사고방식으로 대체해 문제를 해결했다. 그다음 나를 즐겁게 하고 내 삶에 동기를 부여해줄 충분한 이유를 찾았다. 25살에 불이 붙은 이후 그 불길은 한 번도 꺼진 적이 없다. 몇 번이나 추락하기도 했지만, 내 인생에서 특별한 일을 일으키겠다는 추진력을 잃은 적은 없었다.

# 단순하게 생각하라

†

이제 목표 설정이 얼마나 간단한지 살펴보자. 목표 설정은 특별하고 신비로운 과정이 아니다. 마음을 다잡고 집중할 필요도, 무언가를 마음속에 떠올릴 필요도 없다. 그저 당신이 원하는 것을 솔직하게 적으면 된다.

- 나는 어디에 가고 싶은가?
- 나는 무엇을 하고 싶은가?
- 나는 무엇을 보고 싶은가?
- 나는 어떤 사람이 되고 싶은가?
- 나는 무엇을 갖고 싶은가?
- 나는 무엇을 나누고 싶은가?
- 나는 어떤 프로젝트를 지원하고 싶은가?
- 나는 무엇으로 세간에 알려지고 싶은가?
- 나는 어떤 기술을 배우고 싶은가?
- 나는 어떤 특별한 일을 하고 싶은가?

- 나는 어떤 평범한 일을 하고 싶은가?
- 나는 어떤 사소한 일을 하고 싶은가?
- 나는 어떤 중요한 일을 하고 싶은가?

위 질문에 답을 정해 적어 보라.

목표 설정은 이렇게 간단하다. 이것은 당신만의 목록이다. 이것을 비공개로 유지하고 싶다면 다른 사람이 알 수 없도록 암호로 작성하라. 단순한 일, 바보 같은 일, 무엇이든 상관없다. 이것은 당신만의 개인적인 목표다. 한 가지를 달성할 때마다 목록을 지우면서 큰 만족감을 느낄 수 있을 것이다.

## 아주 사적인 목표

†

솔직히 말해서 내 첫 번째 목표는 누군가에게 작은 복수를 하는 것이었다. 바로 나를 괴롭혔던 채권추심회사에 복수하려고 했다. 내가 대금을 두세 번 연체하자 한 남자가 내게 전화를 걸어 이렇게 퍼부었다.

"당장 연체금을 내지 않으면 집으로 찾아가 이웃들이 보는 앞에서 당신 차를 끌고 갈 거요."

그는 내게 험한 말들을 쏟아 냈다. 쇼프 선생님을 만나 내 인생을 바로잡으면서 목표 목록에 적은 첫 번째 항목은 바로 이 회사의 이름이었다. 마침내 갚을 돈이 생기자 나는 큰 가방에 소액권을 가득 채워 그 회사를 찾아갔다. 책상 두어 개를 지나 나를 수시로 괴롭혔던 남자의 사무실로 향한 나는 문을 열고 들어가 그의 책상 앞에 섰다.

"어쩐 일로 여기까지 오셨나?"

나는 아무 말도 하지 않고 가방을 열어 책상 위에 돈뭉치를 쏟았다.

"세어 보시오. 내가 갚을 돈 전액이오. 이제 다시는 이곳에 오지 않을 거요."

나는 문을 쾅 닫고 사무실을 박차고 나갔다. 고상한 행동은 아니지만, 당신도 한 번쯤 해 보고 싶을 것이다. 이 목표를 지우면서 매우 만족스러운 기분이 들었다.

목표 목록을 잘 보관하라. 나는 내가 5년 전에 어떤 목표를 갖고 있었는지 언제나 확인할 수 있도록 목록을 일기장에 넣어 둔다. 예전 목표를 다시 보면 내가 그토록 중요하게 생각했던 것이 다소 부끄러워질 때도 많다. 내 철학이 10년 전, 5년 전, 3년 전과 달라졌기 때문이다. 당신도 마찬가지일 것이다. 목표 목록은 당신의 성장 과정과 변화하고 성장할 수 있는 능력을 보여 주는 중요한 기록이므로 잘 보관해 두기 바란다. 당신의 철학이 성장할수록 가치 있는 것의 목록 또한 확대된다. 목표를 세워라. 작고 어리석어 보이는 목표라도 상관없다. 참고로 내 일본인 친구는 첫 번째 목록에 "백인 정원사를 고용하고 싶다"라고 적었다. 나는 그 목표도 충분히 좋다고 생각한다.

# 당신의 능력을 발휘시키는 목표를 세워라

†

목표 설정은 매우 간단한 일이다. 배우자와 결혼 생활에 대한 목표를 세울 수도 있고, 자녀와 다양한 목표를 세울 수도 있다. 은 가족이 함께 목표를 세우고 적어 보자. 회사 동료들과 모여 목표를 정하고 적어 보자.

내가 처음으로 목표를 세울 때 쇼프 선생님은 이렇게 말씀하셨다.

"론, 당분간은 함께 하는 게 좋을 것 같군. 자네가 가장 먼저 세워야 할 목표에 대해 제안할 것이 있네. 자네는 25세 미국인 남성이지. 몇 가지 실수를 저지르긴 했지만, 더 나은 방향으로 나아가고 있어. 자네에게는 가족이 있고 성공해야 할 모든 이유가 있네."

그다음 이렇게 제안하셨다.

"자네가 세우려는 목표와 더불어, 백만장자가 되는 것을 목표에 추가하면 어떤가."

백만장자? 나는 어리둥절했다.

"귀에 착 감기는 멋진 목표 아닌가?"

이어서 선생님은 내게 그동안 배운 것 중 가장 위대한 교훈을 단 한 문장으로 가르쳐 주셨다.

"백만장자가 되겠다는 목표를 세우게. 그러면 그 목표가 그것을 달성하도록 자네를 변화시킬 거네."

쇼프 선생님의 말을 이해했다면 이 책은 충분한 값어치가 있을 것이다.

당신의 능력을 최대한 발휘하게 만드는 목표를 세워라. 이것은 목표를 세우는 새로운 이유이자 더 나은 미래를 갖기 위한 도전이다! 무엇을 위해 목표를 세우는가? 그 목표가 당신을 어떻게 변화시키는지 확인하기 위해서다. 왜 그래야 하는가? 인생의 가장 큰 가치는 '무엇을 얻는가'가 아니라 '어떤 사람이 되는가'기 때문이다. 거듭 강조한다. **당신을 가치 있는 사람으로 만드는 것은 '무엇을 얻는가'가 아니라 '어떤 사람이 되는가'다.**

쇼프 선생님의 말씀을 떠올려라

"백만장자가 되겠다는 목표를 세우게. 그러면 그 목표

가 그것을 달성하도록 자네를 변화시킬 거네."

목표 설정의 핵심은 당신을 변화시킬 목표를 설정하는 것이다. 이 점을 항상 기억하라. 이 목표는 나를 어떻게 변화시킬 것인가? 이 목표를 향해 나아간다면 그 과정에서 나는 어떤 사람이 될 것인가? 이것은 목표 설정에 대한 완전히 새로운 개념이다!

# 더 나은 자신을 기대하라

†

더 나은 사람이 되기 위한 목표 설정에 필요한 두 가지가 있다.

### 목표를 너무 낮게 세우지 마라

리더십 교육에서는 쉬운 집단에 들어가지 말라고 가르친다. 쉬운 집단에 속하면 성장할 수 없기 때문이다. 기대치가 높은 곳, 요구 수준이 높은 곳으로 가라. 성과, 성장, 변화, 발전, 독서, 공부, 기술 개발에 있어 더 나아지도록 압박하는 곳으로 가라.

나는 소규모 그룹에 속해 있는데, 이 그룹은 전 세계에서 사업을 운영한다. 그 안에서 서로에 대한 기대치가 얼마나 높은지 상상조차 할 수 없을 것이다. 왜일까? 그래야 개개인이 성장할 수 있고, 이 그룹에서 무언가를 얻을 수 있기 때문이다. 우리는 이 그룹에 전례 없는 기여를 할 수 있다. 이것이 바로 정상에서의 생활이다. 그러니 요구 수준이 높은 곳으로 가라. 당신을 자극하고 밀어붙이는 곳, 앞으로 몇 년 동안 그대로 머물 것이 아니라 성장하고 변화할 것을 강력히 요구하는 곳으로 가라. 목표를 너무 낮게 세우지 말라. "저는 그렇게 큰 목표는 필요 없어요"라고 말하는 사람도 있을 것이다. 그렇다면 그 사람은 크게 될 필요가 없다.

## 자신과 타협하지 마라

더 나은 사람이 되기 위한 목표 설정의 두 번째 측면은 타협하지 않는 것이다. 원칙을 버리지 마라. 나는 초창기에 이와 관련한 몇 가지 일로 큰 대가를 치렀다. 얼마나 큰 대가가 따를지 미리 알았다면 결코 그렇게 하지 않았겠지만, 당시에는 그 사실을 알지 못했다. 원칙을 버리지 말라. "대가를 고려하라"라는 유명한 문구는 우리의 경각심을 일깨운다. 나는 이 현명한 문구를 거듭해서 되새긴다. '대가를 고려하라, 대가를 고려하라, 대가를 고려하라.'

돈만으로는 행복을 얻을 수 없다. 유다는 예수님을 배신한 대가로 은 30세겔을 얻었다. 그것은 당시 매우 큰 액수였다. 하지만 부를 얻은 대가는 무엇이었는가? 유다는 자신이 저지른 일로 괴로워하다가 자살하고 말았다. 성경에는 이렇게 정리되어 있다.

"사람이 온 세상을 얻고도 제 목숨을 잃으면, 무슨 이득이 있겠느냐?"*

---

\* 마가복음 8장 36절, 《새국제성경》

행복과 슬픔의 가장 큰 원천은 우리의 내면이다. 바로 이 내면에서 원칙의 손상, 즉 타협과 변절이 시작된다. 내면은 자신에 대해 좋은 감정을 느끼지 못하는 불행의 감염이 시작되는 곳이다. 그런 일이 일어나지 않도록 하라.

성경에는 두 가지 좋은 단어가 있다. 바로 '보라 behold'와 '조심하라 beware'다. '보라'는 긍정성을 나타낸다. 가능성을 보라. 기회를 보라. 아름다움을 보라. 놀라움을 보라. 독특함을 보라. 장엄함을 보라. 보라, 보라! 얼마나 좋은 단어인가. '조심하라'는 위험과 부정성을 내포한다. 유다는 돈에 신념을 팔아넘기지 말라고 다른 사람들에게 경고했을 것이다. 잘못된 방향으로 이끄는 목표를 조심하라. 원하는 것을 추구하며 원하는 모습이 되기 위해 치러야 할 대가를 고려하라. 내 조언이 당신의 인생을 변화시키고 당신을 지금보다 훨씬 더 나은 사람, 훨씬 더 강한 사람으로 만들어줄 목표를 세우는 데 도움이 되었기를 바란다.

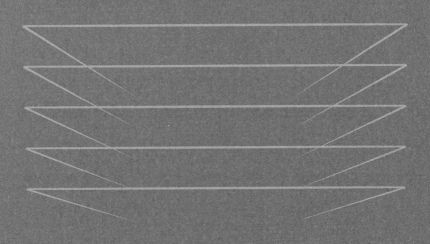

THE ART OF EXCEPTIONAL LIVING

# 10장

# 미래를 설계하라

이제 다가올 10년을 설계해 보자. 미래를 설계하고 싶다면 꼭 목표 설정을 해야 한다. 목표는 남은 인생을 꾸준히 바쁘게 보내도록 만들 뿐만 아니라, 항상 꿈꿔 왔지만 불가능하다고 믿었던 삶을 만드는 데 도움이 될 만한 숙제를 낸다. 그러니 시작하라. 더 일찍 규율을 실천할수록 더 빨리 결과를 즐길 수 있다. 결과가 명확하면 그 결과를 얻는 데 드는 노력과 규율은 신경 쓰지 않게 될 것이다.

# 장기 목표

†

이제 종이를 한 장 꺼내서 맨 위에 '장기 목표'라고 적자. 그리고 앞으로 몇 가지 질문을 할 테니 그 답을 적어 보기 바란다. 종이와 펜이 없다면 노트북을 사용하거나 일단 과정을 따라온 뒤 나중에 이 장을 다시 읽고 따라 해 보라. 내가 제시하는 질문을 읽은 다음 잠시 멈춰 답을 생각해 보라.

자, 이제 연습을 시작하자.

먼저 '향후 1~10년 안에 내가 이루길 원하는 것은 무엇인가?'라는 기본적인 질문에 답해 보자. 10분 정도 시간을 내어 향후 1~10년 안에 이루길 원하는 것을 50가지 이상 적어 보라. 이것은 장기 목표다. 다음의 질문들을 참고하면 더욱 좋을 것이다.


- 나는 무엇을 하고 싶은가?
- 나는 무엇을 보고 싶은가?
- 나는 어떤 사람이 되고 싶은가?

- 나는 무엇을 갖고 싶은가?

- 나는 어디에 가고 싶은가?

- 나는 무엇을 나누고 싶은가?

이 질문에 얼마나 많은 답을 적을 수 있는지 보라. 이때 원하는 것들을 상세히 설명하는 데 시간을 들이지 마라. 생각을 쏟아 내 빠르고 간략하게 적어라. 예를 들어, 당신이 차를 좋아한다면 '380'이라고 적어 두기만 해도 이것이 무엇을 뜻하는지 알 것이다. 자동차의 색깔, 내부 모습까지 설명할 필요는 없다. 그런 자세한 설명은 이 연습의 후반부에서 할 것이다. 지금은 간략하고 빠르게 적기만 하면 된다. 최대한 많은 항목을 작성하라.

### 예상 달성 기간

목록을 작성했다면 다음 단계로 넘어갈 준비가 된 것이다. 목록을 살펴보면서 1년 뒤에는 달성할 수 있을 것 같은 항목 옆에 1을, 족히 3년은 걸릴 것 같은 항목에는 3을 적어라. 이렇게 목록을 하나씩 살펴보면서 각 목표를 달성하는 데 필요한 기간을 적어라. 큰 목표는 10년 뒤에 실현될 수도 있다.

예상 기간을 적고 나면 3년짜리 목표가 더 필요하고, 1년짜리 목표는 너무 많고, 10년짜리 목표는 부족하다는 등의 결론에 도달할 것이다. 한 가지 목표를 이루기 위해 노력하는 동안 다른 목표 역시 계획해야 한다. 그렇지 않으면 아폴로 우주비행사들처럼 고생길에 놓일 수 있다.

달에서 돌아온 우주비행사들 중 일부는 심각한 심리적, 정서적 문제를 겪었다. 달에 다녀온 뒤에는 모든 것이 끝난 것처럼 허무했기 때문이다. 때문에 이후의 우주비행사들은 탐사를 마치고 돌아온 후 다음 프로젝트에 투입되었다. 즐거운 인생을 누리는 방법 중 하나는 한 가지 목표를 마무리하고 바로 다음 목표를 시작하는 것이다.

성공이라는 식탁에 너무 오래 머무르지 마라. 다음 식사를 즐기는 방법은 배가 고파지는 것밖에 없다.

**중요사항**

당신이 세운 목표에 다음의 세 가지 중요사항이 포함되어 있는지 살펴보라.

- **첫째, 소득, 수익, 생산성 등 경제적 목표를 포함하라.**
- **둘째, 집, 자동차, 보트, 가구, 보석 등 당신이 원하는 물건을 포함하라.**
  물건에 집착해서는 안 되지만, 그 중요성은 인정해야 한다.
- **셋째, 자기계발 목표를 포함하라.**
  신체적 건강 증진, 체중 감량, 결단력 향상, 효과적인 리더십, 커뮤니케이션 능력 강화, 외국어 공부 등 자기계발 목표를 모두 적어라.

물론 가족 목표, 사회적 목표, 일상 목표 등 다른 목표도 고려해야 한다. 이는 아주 어려운 숙제지만, 이 숙제를 성실히 했는지 그 여부가 시장에서 명백히 드러난다는 점을 기억하라.

1년, 3년, 5년, 10년의 달성 기간을 정하고 경제적 목표, 물질적 목표, 자기계발 목표를 모두 포함했다면 목표 목록으로 다시 돌아가자.


**가장 중요한 16가지 목표**

이제 1년, 3년, 5년, 10년, 달성 기간별로 가장 중요한 목표 4가지를 선정하라. 당분간 이 16가지 목표를 이루기 위해 많은 노력을 하게 될 것이다.


**목표 설명**

각 목표에 대한 설명을 몇 문장으로 적어 보라. 예를 들면, 높이, 길이, 양, 크기, 모델, 색상 등을 적어 보는 것이다. 더불어 그 목표가 당신에게 왜 중요한지도 설명해 보라. 이것은 그 목표를 지속할지 그만둘지 스스로를 설득하는 유용한 과정이다. 어떤 일이 왜 중요한지 이유가 명확하지 않으면 반쪽짜리 노력에 그치고 만다. 무언가를 원하는 것도 강력한 동기지만, 그것을 원하는 이유는 훨씬 더 강력한 동기로 작용해 더 큰 견인력을 발휘한다.

처음에 중요하다고 생각했던 목표 중 사실 그다지 중요하지 않은 것을 찾게 될 수도 있다. 숙고하고, 다듬고, 변경하라. 당신이 진정으로 믿고, 영감을 얻고, 납득한 목표를 달성 기간별로 4개씩 정해 보라. 이러한 목표와 이루고 싶은 이유를 몇 문장으로 명확히 설명했다면, 쉽게 가지고 다닐 수 있도록, 자주 찾아볼 수 있도록 일기장이나 공책에 옮겨 적어라.

매주 시간을 내 모든 목표를 검토하고, 정리하고, 재실행하고, 재구성하고, 추가해야 한다. 전체 목록을 찢어 버리고 다시 시작해야 할 수도 있다. 목표 설정은 한 번으로 끝나는 것이 아니다. 이것은 지속적인 과정이다. 뿐만 아니라 목표 달성을 향한 진척도 역시 계속해서 점검해야 한다. 중요한 목표에 크게 뒤처지지 않도록 신경 써야 하고, 목표를 잊어버리지 않도록 해야 한다.

# 단기 목표

†

단기 목표 역시 중요하다. 단기 목표는 내일, 다음 주, 다음 달, 6개월 뒤와 같이 1년 이내의 가까운 미래에 달성할 수 있는 목표를 말한다. 우리는 이러한 목표를 "자신감 중진제confidence builder"라고 부른다. 밤늦게까지 열심히 일해서 작은 일, 즉 단기 목표를 성취하면 장기 목표를 향해 나아갈 수 있는 동력인 자신감이 커지기 때문이다.

### 한 해 목표

내년에 이루고 싶은 일 또는 갖고 싶은 물건을 공책이나 일기장에 모두 적어 보라. 이 목록을 작성하는 방법은 당신에게 달려 있다. 주 단위 또는 월 단위로 목표를 쪼갤 수 있다. 당신에게 가장 적합한 방법으로 목표를 설정하라.

목표를 작성해 두었을 때 얻는 즐거움 중 하나는 달성한 목표를 체크하는 것이다. 단기 목표 목록에서 매주 적어도 한 가지 이상 해내려고 노력하라. 장기 목표 목록에 있는 주요 목표를 달성했다면 스스로 축하하고 기쁨을 만끽하라. 진전이 있을 때 충분히 축하하는 것은 매우 중요하다. 우리는 승리의 기쁨과 패배의 아픔, 두 가지 경험을 통해 성장한다. 이는 패배가 고통스럽다는 뜻이기도 하다. 이것을 자신에게 적용해 보라. 어떤 일을 계획한 뒤 제대로 하지 않고 실패했다면 그에 대한 책임을 져야 한다. 그다음 해당 분야에서 도움을 줄 수 있는 사람을 찾아보라.

사람들이 목표 설정을 소홀히 하는 이유는 여기에 많은 과정이 필요하기 때문이다. 앞서 말했듯이 단기 목표와 장기 목표는 지속적으로 수정하고 재조정해야 한다. 많은 이들이 업무를 위해 열심히 노력하지만, 자신의 미래를 위해서는 그만큼 노력하지 않는다. 그들은 미래를 위한 과제를 소홀히 한다. 어떤 사람들은 하루가 끝났을 때 자신이 승리했는지 패배했는지조차 모를 만큼 어정쩡한 인생을 살아간다. 그저 행운을 바라며 하루하루를 보낼 뿐이다. 당신은 그렇게 되지는 말라.

'좋은 근로자'보다 '더 나은 사람'이 되어라. '좋은 계획자', '좋은 목표 설정자'가 되어야 한다. "계획하는 것을 실패한 사람은 실패를 계획한 것이나 다름없다"라는 말을 들어 본 적이 있는가? 전적으로 맞는 말이다. 그러니 계획을 세워라. 자신을 위해 이 힘을 활용하는 상위 몇 퍼센트에 속하는 사람이 되어라.

목표를 적는다는 것은 당신이 진지하다는 사실을 보여 주는 행동이기도 하다. 더 나은 결과를 얻기 위해서 엄격할 필요는 없지만 진지해야 한다. 누구나 자신의 상황이 좋아지기를 바란다. 하지만 희망만으로 미래가 좋아지지는 않는다. 미래는 계획을 세움으로써 나아진다. 그리고 명확한 계획이 뒷받침되지 않는 희망은 결국 병으로 이어진다.

성경에 이런 구절이 있다. "소망이 더디 이루어지면 그것이 마음을 병들게 한다."* 나는 한때 "소극적인 희망passive hope"이라는 나쁜 병에 걸려 있었다. 그런데 "행복한

---

\* 마태복음 13장 12절, 《새국제성경》

희망happy hope"이라는 더 나쁜 병도 있다. 이것은 정말 해로운 병이다. 예를 들어, 오십 대 남성이 파산한 상황에서도 밝게 웃고 있다면 그것은 잘못된 행동이다. 진지해져야 한다. 계획을 세워 종이에 적어라. 내가 제안하는 내용은 모두 검증된 경험에서 비롯된 것임을 기억하라.

여기에 적합한 성경 구절을 하나 더 살펴보자. "꿈이 없으면 그 백성은 멸망하고……"* 옳은 말씀이다. 인간은 열망하고, 꿈꾸고, 성취하고, 무엇이든 될 수 있는 고유한 능력을 가지고 있다. 그런 능력이 없다면 삶에는 아무 의미도 없다. 우리는 꿈을 꾸고, 그 꿈을 포기하지 않아야 한다.

목표 설정에 대해 내가 관찰한 사항을 몇 가지 더 공유하고자 한다. 목표가 무엇이든 그것이 하루 종일 당신에게 영향을 미친다는 점을 이해하라. 목표는 외모, 옷차림, 걷는 방식, 말하는 방식 등에 매일, 하루 종일 영향을 미친다. 성격, 대화, 활동도 모두 목표의 영향을 받는다.

---

* 잠언 29장 18절, 《뉴 킹 제임스 성경New King James Version》

# 목표는 재미있어야 한다

✝

한 남성에게 물었다.

"이번 달 당신의 목표는 무엇입니까?"

그는 이렇게 답했다.

"제 목표는 이 끔찍한 청구서에 적힌 금액을 지불할 수 있을 만큼 돈을 긁어모으는 것입니다."

이것이 그의 목표였다. 이것이 목표답지 않다는 말은 아니다. 하지만 너무 형편없고 전혀 고무적이지 않은 목표다. 누구도 월요일 아침 눈을 떠 '이 끔찍한 청구서에 적힌 금액을 내기 위해 돈을 긁어모을 기회가 왔군!'이라고 생각하지는 않을 것이다. 핵심은 목표가 재미있어야 한다는 점이다. 목표는 크고 도전적이며 보람 있어야 하고, 끝내 우리를 성장시킬 수 있어야 한다.

다음은 시간을 들여 답해야 할 가장 중요한 질문이다. 내가 원하는 것을 모두 얻으려면 어떤 사람이 되어야 하는가? 이 질문에 대해 몇 가지 답을 생각해 적어 보라. 예를 들어, 개발해야 할 기술이나 배워야 할 내용에는 무엇이 있는지 생각해 보라. 이러한 질문의 답을 통해 자기계발 목표를 보다 정확히 세우게 될 것이다.

수입은 자기계발보다 훨씬 중요한 목표는 아니라는 점을 기억하라. 누구나 자신의 삶을 돌아보며 이렇게 성찰해야 한다. '이게 내가 원하는 거야. 그런데 과연 나는 원하는 것을 얻을 수 있는 사람이 되고자 노력하고 있을까? 내가 너무 게으르다면, 원하는 것을 얻을 수 있는 사람이 되기 위해 배우고, 읽고, 공부하고, 성장하려 하지 않는다면 원하는 것을 끌어당길 수 없어. 이제 내가 원하는 것을 바꾸거나 나를 바꿔야 해.'

지금 당장 원하는 모든 것을 얻을 수 있는 능력을 갖추지 못했다고 느낀다면 당신의 확고한 꿈에 맞춰 그 능력이 성장한다는 사실을 기억하라. 우리가 논의한 목표 설정 프로세스가 중요한 이유는 바로 이 때문이다. 목표 설정에 더 많은 노력을 기울일수록 어떻게 변화할 수 있고 ,어떻게 성장할 수 있는지에 대해 더 많은 아이디어를 얻을 것이다.

나는 쇼프 선생님을 만나기 전과 전혀 다른 사람이 되었다. 더 이상 그때의 내가 아니다. 과거에 대해서는 할 수 있는 일이 없지만, 미래에 대해서는 여전히 많은 것을 할 수 있다. 당신도 어제와 같은 사람일 필요가 없다. 당신이 진심으로 원하기만 한다면 아주 짧은 기간에 인생에서 정말 놀라운 변화를 만들어 낼 수 있다. 자신에게 기회를 준다면 지금은 상상조차 할 수 없는 변화를 불러일으킬 수 있다. 당신에게는 아직 발휘하지 않은 재능과 잠재력이 있다.

시간이 지날수록 당신은 당신이 가진 재능과 잠재력 덕분에 점점 더 생각지도 못했던 일들을 해내게 될 것이다. 감당할 수 없다고 생각했던 일들을 처리할 수 있게 될 것이고, 전에 없던 아이디어들을 떠올리게 될 것이다. 이 모든 것은 목표 설정을 통해 이뤄진다. 자신이 무엇을 원하는지 알고, 그것을 간절히 원하면 답은 저절로 찾아온다. 어째서 그렇게 되는지는 알려 줄 수 없다. 내가 아는 것은 그렇게 된다는 것뿐이다. 될 수 있는 모든 것이 되고, 이룰 수 있는 모든 것을 이룰 기회, 스스로에게 그 기회를 주어라.

# 바라고 얻어라

†

성경에서는 무엇이든 원하는 것을 얻는 방법을 가르친다. 그것은 바로 구하는 것, 즉 원하라는 것이다. 인생에서 배워야 할 중요한 기술에 구하는 기술을 꼭 포함해야 한다. "구하라. 그리하면 받으리니. 너희 기쁨이 충만하리라."* 이것은 살펴볼 만한 가치가 있다.

　이렇게 말하는 사람도 있을 것이다.

　"그래요. 하지만 당신은 나처럼 일하지 않잖아요. 난 퇴근하고 집에 오면 이미 한참 늦은 시간이에요. 저녁 먹고 TV 좀 보고 나면 자야 하죠. 늦은 밤까지 안 자고 무언가

---

\* 요한복음 16장 24절, 《새국제성경》

를 구할 수는 없어요."

아마 이 사람은 청구 대금을 제때 지불하지 못하고 있을 것이다. 성공하기 위해서는 성실하게 일하는 것만으로는 부족하다. 평생 성실한 일개미로만 남는다면 결국 파산에 이르게 될 것이다. 당신은 좋은 일개미보다 더 나은 사람이 되어야 한다. 늘 무언가를 구하는 사람, 원하는 사람이 되어야 한다. 바라고 얻는 것과 목표 설정에 대한 몇 가지 핵심 포인트를 살펴보자.

첫째, 무언가를 원하는 마음에서 얻기가 시작된다. 원하는 마음은 버튼을 눌러 정신적, 감정적 기계를 작동시키는 것과 같다. 어떻게 작동하는지는 모르지만, 작동한다는 것만은 확실하다. 우리가 모든 것의 작동 원리를 알 필요는 없다. 그저 작동시키기만 하면 된다. 뿌리를 연구하는 사람도 있고 열매를 따는 사람도 있다. 결과는 당신이 무엇을 원하느냐에 따라 달라진다. 따라서 원하기는 얻기의 시작이다.

둘째, 원하지 않는 것은 문제다. 얻기를 위해 노력할 필요는 없다. 얻기는 자연히 이루어지는 것이다. 그렇다면 무엇이 문제일까? 바로 구하지 않는 것이다. 날마다 노력해도 원하는 대로 풀리지 않았던 이유를 이제 알겠는가? 원하는 것이 당신이 눌러앉은 영역 밖에 있기 때문이다. 당신은 지금껏 좋은 일개미였지만, 간절히 원하는 사람은 아니었다.

셋째, 얻기는 무한하다. 때문에 당신은 무한히 성공할 수 있다. 성공은 결코 부족해지지 않으며 바다처럼 넓다. 성공은 배급되는 것이 아니기 때문에 창구에 다가가면 이미 사라지고 없다. 그렇다면 무엇이 문제일까? 바로 티스푼을 들고 바다에 가는 당신의 행동이다. 바다의 크기를 고려하면 티스푼이 아니라 적어도 양동이 정도는 들어야 한다. 티스푼보다는 양동이가 바다에 더 잘 어울릴 것이다. 그리고 해변가의 아이들에게도 더 이상 당신을 놀림받지 않을 것이다.

## 효과적으로 원하는 방법

원하는 방법에는 두 가지가 있다. 하나는 지적으로 구하는 것이고, 다른 하나는 믿음으로 구하는 것이다. 명확하고 구체적으로 원해라. 중얼거리지 마라. 중얼거려서는 아무것도 얻지 못한다. '지적이고 구체적인 원하기'란 높이, 길이, 양, 시기, 크기, 모델, 색깔 등을 자세히 원하는 것이다. 잘 정의된 목표는 자석과 같다. 더 명확히 정의할수록 더 강하게 끌어당길 수 있다.

그리고 목표에 목적을 부여하라.


- 나는 무엇을 원하는가? → 목표
- 나는 무엇을 위해 원하는가? → 목적


이 두 가지 질문에 모두 답하라. 목적은 목표보다 강하다. 무언가에 대한 바람은 목표를 끌어당길 만큼 강력하다. 그리고 그 바람의 궁극적인 목적은 그보다 훨씬 더 강력하다.

두 번째 구하는 방법은 믿음으로 구하는 것이다. 믿음은 어린아이 같은 면을 말한다. 즉, 어린아이처럼 원하는 것을 얻을 수 있다고 믿는 것을 뜻한다. 어른들은 대부분 지나치게 회의적이며 믿음과 신뢰를 잃은 상태다. 당신은 그렇게 되지 말라. 자신과 목표에 대한 믿음을 가져라. 그리고 어린아이처럼 흥분하라. 어린아이 같은 열정을 이길 수 있는 것은 아무것도 없다.

아이들은 자신이 무엇이든 할 수 있다고 생각하며, 설렘과 흥분에 솔직하다. 아이들은 밤에 잠자리에 드는 것을 싫어하고 빨리 아침이 되기를 고대한다. 인생과 목표에 대해 그런 열정을 키워라. 그리고 아이처럼 호기심을 가져라. 아이들은 끝없이 질문할 수 있다. 아이들은 당신을 벼랑 끝으로 몰 수도 있지만, 그것이 아이들만이 가진 장점이다. 호기심을 갖고 질문하라. 그것이 배우는 방법이다.

원하라. 그것이 얻는 방법이다.

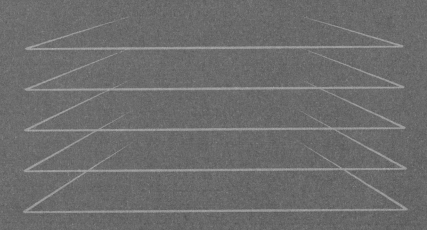

THE ART OF EXCEPTIONAL LIVING

# 11장

## 특별한 삶을
## 만끽하라

특별한 삶을 꾸리는 데 있어 중요한 것 중 하나는 자신만의 라이프스타일을 개발하고 특별하게 사는 법을 배우는 것이다. 다양한 자기계발 전략을 적용하면 당신이 속한 분야에서 최고에 도달할 수 있다. 하지만 일상에 소홀해지면 순간순간 삶의 기쁨을 놓치게 된다. 이 장에서는 부유하지 않은 사람도 독특하고 멋진 일상을 디자인할 수 있다는 사실을 배울 것이다.

우리가 성공적으로 갖추고 싶어 하는 것들 중에서 가장 중요한 것이 바로 일상, 라이프스타일일 것이다. 쇼프 선생님은 내게 이렇게 말씀하셨다.

"단순히 돈 버는 법만 배우지 말고 잘 살아가는 법을 배우게."

살아가는 법을 배우는 것, 이것이 바로 라이프스타일의 핵심이다. 원하는 것을 추구하면서 가진 것에 만족하는 것, 이것은 중요한 도전이다. 이러한 기술을 연습할 수 있는 방안을 마련해 보았다.

어떤 사람들은 아름다운 것들로 가득한 하루를 보내면서도 그로부터 행복을 얻지 못한다. 어떤 사람들은 돈이 많아도 삶에서 기쁨을 찾지 못한다. 어떤 아버지가 5달러짜리 지폐를 구겨 아들에게 던지며 "자, 그렇게 돈이 필요하면 가져가라"라고 말했다면 어떨까. 어쨌든 돈이지만 너무나 형편없는 태도다. 중요한 것은 금액이 아니라 태도임을 기억하라.

쇼프 선생님은 적은 금액부터 시작하는 행복 추구법을 가르쳐 주셨다.

"자네가 구두를 닦으러 갔는데 구두닦이가 아주 만족스럽게 구두를 닦아 줬다고 생각해 보게. 자네는 세상에서 가장 빛나는 구두를 신게 되었으니 그 값을 지불하려고 하네. 팁으로 25센트를 줘야 할지 50센트를 줘야 할지 고민이 든다면, 항상 더 높은 금액, 50센트를 주는 사람이 되게."

"25센트와 50센트에는 어떤 차이가 있습니까?"

"모든 것이 달라지네. 25센트를 준다면 그 일이 하루 종일 자네에게 영향을 미칠 걸세. 기분이 나빠질 거야. 그리고 반짝이는 신발을 보며 이런 생각이 들겠지. '25센트라니, 내가 왜 그렇게 인색했을까?' 이런 생각은 자네에게 큰 영향을 미칠 걸세. 하지만 50센트를 준다면 단 25센트 차이로 이렇게 만족스러운 기분을 느낄 수 있다는 사실에 놀라게 될 걸세."

이것이 바로 성공적인 라이프스타일이다. 50센트를 주는 사람이 되는 것, 그리고 더 큰 사람이 됨으로써 기쁨을 얻는 법을 배우는 것이다.

# 귀중한 결과

†

세인트루이스에서 50센트를 주는 사람이 되라는 내용을 강연한 뒤, 한 남성이 다가와 이렇게 말했다.

"론 선생님, 정말 감명 깊었습니다. 오늘부터 제 철학을 바꾸고, 태도를 바꾸고, 인생을 바꾸고, 모든 것을 바꿀 겁니다. 언젠가 제 소식을 들게 되실 겁니다!"

많은 사람이 내게 이런 소감을 전하곤 했으므로 나는 그를 기억하지 못했다. 그런데 몇 달 후 또 다른 세미나를 했을 때 그 남성이 다시 찾아왔다. 나는 그의 이름을 기억하지 못했지만, 그는 이렇게 말했다.

"제가 지난 강연에서 '모든 것을 바꿀 겁니다. 오늘 정말 감동적이었습니다'라고 말했던 걸 기억하시는지요?"

"네, 기억하고 말고요."

"벌써 변화가 생기기 시작했습니다. 불과 몇 달 만에요! 먼저 저는 가족과의 관계를 변화시키기로 결심했습니다. 아내와 제게는 사랑스러운 십 대 딸이 둘 있어요. 저희는 말썽 한번 없이 예쁘고 사랑스러운 딸들에게 더 바랄 것이 없습니다. 그동안 문제를 일으키는 건 대부분 저였거든요.

록 콘서트에 가고 싶어 하는 딸들에게 저는 항상 이렇게 말하며 아이들을 힘들게 했어요.

"아빠는 너희가 콘서트에 가지 않았으면 좋겠어. 너무 늦게까지 하는 데다 음악도 너무 시끄러워. 청력에 문제가 생겨서 평생 못 듣게 될지도 몰라."

딸들은 계속 애원했고 결국 저는 이렇게 말했습니다.

"그래, 그렇게 가고 싶다면 가든지 말든지."

선생님의 강연을 듣기 전까지는 늘 이런 식이었습니다.

하지만 강연을 들은 뒤 제 삶을 바꾸기로 결심했습니다. 그리고 얼마 후 딸들이 좋아하는 록 밴드가 근처에서 공연을 한다는 신문 광고를 보았습니다. 제가 어떻게 했는지 아십니까? 직접 표를 사서 포장하고 그날 저녁 딸들에게 건네며 이렇게 말했습니다.

"믿기지 않겠지만, 이 봉투 안에 너희가 좋아하는 그룹의 콘서트 표가 들어 있단다."

아이들이 정말 좋아하더군요! 그리고 이렇게 덧붙였습니다.

"콘서트에 갈 때까지 봉투를 열지 보지 말렴."

며칠 뒤 아이들은 콘서트에 가서 봉투를 열고 안내직원에게 표를 건넸습니다. 직원은 '따라오세요'라고 말한 뒤무대 중앙 열 번째 줄로 안내했죠.

좋은 좌석에 깜짝 놀란 아이들이 뭔가 잘못된 것 같다고 말하자 직원은 표를 다시 살펴보고 그 자리가 맞는다고확인시켜 주었습니다. 아이들은 그렇게 좋은 자리에서 공연을 보게 된 걸 쉽사리 믿지 못했어요. 무대에서 멀리 떨어진 3층 발코니석이라도 가고 싶어 했거든요.

그날 밤 저는 늦게까지 아이들을 기다렸습니다. 자정이조금 넘었을 무렵, 두 딸이 현관문을 열고 뛰어들어 왔습니다. 한 녀석은 제 무릎에 올라앉았고, 한 녀석은 제 목을끌어안았습니다. 그리고 콘서트에 대해 쉼 없이 재잘대며이렇게 말했습니다.

"아빠는 세상에서 제일 좋은 아빠예요!"

선생님 말씀이 맞았습니다. 같은 돈을 벌고 있지만 전혀 다른 아빠가 되었다는 사실이 믿기지 않아요. 좋은 태도를 갖추고 살기로 한 것이 제 삶에 얼마나 큰 변화를 가져오고 있는지 모릅니다."

당신도 이렇게 긍정적인 변화를 만들 수 있다. 결혼 생활, 커리어, 인간관계 등 삶의 모든 측면에서 그렇게 할 수 있다. 비할 데 없는 자산을 얻고자 한다면 당신이 가진 것에 대해 비난하거나 불평하지 말라. 그보다는 오늘부터 변화하고, 진행하고, 평가하고, 회복하라. 그러면 이러한 변화가 시작될 것이다. 단기간에 얼마나 많은 변화가 일어나는지 믿지 못할 것이다.

보고, 베풀고, 나누고, 즐기며 특별한 삶을 살기로 선택하라. 중요한 것은 돈이 아니라 좋은 태도로 삶을 선택하는 경험이다.

# 행복의 기술

†

쇼프 선생님을 처음 만났을 때 나는 순진하게도 이렇게 말했다.

"돈이 많으면 행복할 거예요."

그런 내게 선생님은 내게 더 좋은 지혜를 말씀해 주셨다.

"론, 행복의 열쇠는 더 많이 갖는다고 좋은 것이 아니네. 행복은 실천적으로 연구해야 하는 기술이야. 돈이 많으면 지금 자네의 모습이 더 강화될 뿐이네. 그리고 목적지에 더 빨리 도착할 뿐이지.

불행해지려는 경향이 있는데 돈을 많이 번다면 오히려 더욱 비참해질 걸세. 못된 성향을 갖고 있는데 돈을 많이 번다면 다른 사람들에게 두려운 존재가 되겠지. 술을 과하게 마시는 편인데 돈을 많이 번다면 주정뱅이가 될 수 있어."

참으로 현명한 말이다. 따라서 행복이란 더 많이 소유하는 것이 아니라 일종의 기술이자 재능이며 의도다. 즐기는 삶은 인생을 살아가는 기술을 기꺼이 연구하고 실천하려는 사람들에게만 주어진다. 행복한 삶은 문화, 음악, 춤, 미술, 조각, 문학, 연극, 콘서트며, 더 세련되고 좋은 것에 대한 취향이다.

철학자 모티머 아들러Mortimer Adler는 "더 높은 취향을 추구하지 않으면 낮은 취향에 머무르게 된다"고 말했다. 따라서 더 좋은 것에 대한 안목을 키워라. 인생의 특별한 것들에 대한 흥미와 관심을 개발하라. 행복의 기술을 연구하고 최고를 지향하라. 주어진 시간 안에 최고를 얻는 것, 그것이 우리가 추구해야 할 과제다. 중요한 것은 돈이 아니라 상상력임을 기억하라.

## 행복의 실천과 나눔

†

아내와 나는 어느 화창한 여름날 캘리포니아 카멜로 쇼

핑 겸 관광 여행을 떠났다. 가는 길에 주유소에 들렀는데, 18~19살쯤 되어 보이는 청년이 활짝 웃으며 뛰어나와 "무엇을 도와드릴까요?"라고 물었다. 나는 "휘발유 가득이요"라고 대답했다. 그러자 그는 주유뿐만 아니라 타이어를 살피고 창문과 문 루프까지 닦으며 모든 것을 점검해 주었다. 게다가 일하는 내내 휘파람을 불며 노래했다. 우리는 그의 서비스와 행복해 보이는 모습에 감탄했다. 나는 청년이 내민 청구서에 사인하며 우리를 잘 대해 주어서 고맙다고 말했다. 그러자 그는 이렇게 대답했다.

"저는 일하는 것이 정말 즐겁고 재미있어요. 선생님처럼 좋은 분들을 만나게 되거든요."

그 청년은 남다른 데가 있었다. 나는 그에게 "아내와 카멜에 가는 중인데, 밀크셰이크를 좀 먹고 싶군요. 가장 가까운 배스킨라빈스가 어디 있을까요?"라고 물었고, 그는 친절하게 길을 알려 주었다. 그리고 "차가 긁힐 수도 있으니까 매장 앞에 주차하지 마시고 옆에 주차하세요"라고 덧붙였다. 정말 훌륭한 청년이었다.

우리는 배스킨라빈스에서 밀크셰이크 세 잔을 샀다. 그리고 주유소로 돌아왔다. 청년은 다시 뛰어나와 말했다.

"밀크셰이크를 사셨군요!"

"네, 그리고 이건 당신 거예요."

내가 창문으로 밀크셰이크를 건네자 그는 믿을 수 없다는 표정으로 말했다.

"제 거요?"

"그럼요. 그렇게 훌륭한 서비스를 해 주셨는데 저희만 먹을 순 없죠."

"와, 제게 밀크셰이크를 사 주신 분은 처음이에요."

나는 "좋은 하루 보내세요"라고 말한 뒤 창문을 닫고 주유소를 떠났다. 백미러로 보니 그는 밀크셰이크를 들고 함박웃음을 짓고 있었다.

그 청년에게 밀크셰이크를 사 주는 데 얼마가 들었을까? 겨우 2달러다. 하지만 나는 단돈 2달러로 이 경험을 백 번도 넘게 즐기고 공유했다.

그날 나는 평소와는 조금 달랐다. 카멜에 도착하자마자

꽃가게로 향했기 때문이다. 나는 꽃집 주인에게 아내에게 들려 줄 빨간 장미가 필요하다고 말했다. 내게 필요한 것, 장미 한 송이는 단 2달러였다.

"아주 좋네요. 저렴한 장미보다 좋은 건 없죠."

나는 꽃을 골라 아내에게 건넸다.

"자, 쇼핑하는 동안 이걸 들고 있어요"

아내는 감동하며 기뻐했다. 여기에 든 비용은? 단돈 2달러였다.

두어 시간 후 간식을 먹으며 쉬는 동안 아내가 "짐, 방금 생각난 게 있어요"라고 말했다.

"오늘 카멜에서 장미꽃을 안고 다닌 행복한 사람은 나밖에 없는 것 같아요."

나는 단돈 2달러로 주유소 청년과 아내에게 기쁨을 선사했다. 이제 알겠는가? 중요한 것은 금액이 아니다.

새롭고 달콤한 경험을 만드는 데 필요한 것은 두 가지 아이디어와 총 4달러의 비용뿐이었다. 이것은 당신의 삶을 멋지게 만드는 것이 얼마나 쉬운지 보여 주는 간단한 예시다. 즐길 수 있는 모든 것을 놓치지 마라. 행복하고 멋진 삶을 영위하라.

한 가지 더 생각해 볼 것이 있다. 식당에서 서빙 직원에게 주는 "팁tip"이라는 표현이 어디에서 유래했는지 아는가? 쇼프 선생님은 팁이 "신속함을 보장하기 위해to insure promptness"라는 문구의 약자로 시작되었다고 가르쳐 주셨다.

"팁이 신속함을 보장하기 위한 것이라면 언제 주는 게 좋겠나? 미리 주어야 하네."

"그건 아닌 것 같습니다. 좋은 서비스를 받은 뒤에 줘야 하지 않나요? 형편없는 서비스에는 팁도 없는 거고요."

"아니네, 론. 세련된 사람들은 좋은 서비스를 운에 맡기지 않아. 팁을 미리 지불해서 좋은 서비스를 확실하게 받는다네."

나는 미처 생각지도 못한 방법이었다. 다음에 누군가와 특별한 점심식사를 하게 된다면 주문을 받으러 온 직원에게 팁을 건네며 이렇게 말해 보라.

"잘 부탁드릴게요."

## 삶과 균형

†

마지막으로 중요한 포인트를 살펴보자. 삶을 이루는 모든 가치와 차원에 관심을 가져라. 그중 하나는 가족이다. 소중한 사람이 있다면 그보다 더 중요한 가치는 없다. 다른 사람을 돌보는 것은 최고로 가치 있는 삶이다. 그런 삶을 치열하게 지켜라.

"많은 보물이 있지만, 최고의 보물은 사랑이다. 대저택에 혼자 사는 것보다 해변의 텐트에 살더라도 사랑하는 이들과 함께 하는 것이 낫다." 이 오래된 격언은 오늘날에도 여전히 유효하다. 가족을 하나의 기업처럼 발전시키고 정원처럼 가꾸어야 한다. 시간과 노력을 들이고 창의성, 상상력, 천재성을 끌어내어 끊임없이 성장시켜야 한다.

사랑 다음으로 귀중한 가치는 우정이다. 친구는 당신의 모든 것을 알면서도 여전히 당신을 사랑해 주는 사람이며, 모두가 당신을 떠날 때도 당신에게 다가와 주는 사람이다. 누군가가 제안한 것처럼 "잘되고 있을 때는 어려울 때 당신을 받아 줄 친구를 사귀어야 한다". 인생은 오르막과 내리막의 연속이지만 진정한 친구, 상황에 관계없이 나를 배려해 주는 친구가 있다면 오르막은 더 쉬워지고 내리막은 덜 힘들어진다.

내게는 아주 특별한 친구가 한 명 있다. 만약 내가 억울하게 누명을 쓰고 멕시코 감옥에 갇히게 된다면 이 친구에게 연락할 것이다. 그러면 그는 곧바로 달려와 나를 꺼내 줄 것이다. 이것이 바로 친구다! 물론 "멕시코에서 돌아오면 전화해"라고 말할 평범한 친구들도 있다. 누구나 그런 친구가 몇 명씩 있을 것이다.

우정은 행복한 삶을 추구하는 사람들에게 매우 중요하다. 우정을 소중히 여기고 관심과 노력을 기울여라. 잘 가꾼 우정은 행복한 삶을 통해 얻는 즐거움과 만족감이라는 값진 보물을 당신에게 돌려줄 것이다. 행복한 삶을 결정하는 것은 금액이 아니라 태도, 행동, 생각, 발견, 탐구라는 사실을 기억하라.

행복한 삶은 재산과 관계없이 충분히 발전된 삶의 태도에서 비롯된다. 행복한 삶은 끊임없는 기쁨과 살아 있는 느낌을 제공하며, 삶을 가치 있게 만드는 모든 규율과 기본에 대한 헌신에 불을 지핀다.

품성이 결여된 부, 예술이 결여된 산업, 품질이 결여된 양, 만족이 결여된 기업, 기쁨이 결여된 소유란 무엇일까? 우리는 국가와 지역사회가 추구하는 모든 가치에서 비롯된 존재이므로 전체 문화에 기여할 수 있는 교양 있는 사람이 되어야 한다. 우리의 자녀 세대가 보물의 수혜자가 될 수 있도록 사회 전체에 천재성을 더하는 특별한 사람이 되어라.

THE ART OF EXCEPTIONAL LIVING

# 12장

## 인생의 방향을
## 전환하라

지금까지 특별한 삶으로 이어지는 부와 행복을 얻는 전략에 대해 살펴보았다. 이제 언제부터 그 여정을 시작할 것인지만 결정하면 된다. 오늘, 내일, 다음 주, 내년, 언제 시작할지는 당신의 선택이다. 특별한 삶을 만드는 여러 아이디어는 당신이 감정과 시간을 투자하여 그것을 실현해줄 날만을 기다리고 있다. 그날이 바로 인생의 방향이 전환되는 날이다.

# 부정적 측면과 긍정적 측면 다루기

†

**부정적 측면**

마지막 주제는 부정적 측면과 긍정적 측면, 두 부분으로
이루어진다.

부정적인 일 또한 인생의 일부다. 부정적 측면 없이는
긍정적 측면도 있을 수 없다. 이에 대해 성경에서는 이렇
게 가르친다. "하늘 아래 모든 일에는 때가 있는 법이다.
…… 울 때가 있고, 웃을 때가 있으며……"* 울어야 할 때
웃지 않도록 잘 배우고 교양을 갖춘 사람이 되어야 하며
잘 우는 법 또한 배워야 한다. 함께 울지 않는다면 어떻게
사람들과 공감하겠는가?

부정적 측면은 매우 중요하다. 이와 관련하여 나는 아
이들에게 개미의 철학을 가르친다. 개미의 철학을 간단히
설명하면 이렇다. 첫째, 개미는 결코 포기하지 않는다. 개

---

\* 전도서 3장 1절~8절, 《뉴 킹 제임스 성경》

미가 장애물을 만나면 어떻게 하는지 아는가? 다른 길을 찾는다. 언제까지 찾을까? 다른 길을 찾을 때까지, 또는 죽을 때까지 찾는다. 얼마나 훌륭한가.

둘째, 개미는 여름 내내 겨울을 생각한다. 우리도 그렇게 해야 한다. 하늘이 파랗고 햇살이 쏟아지는 풍족한 여름에도 겨울을 생각해야 한다. 또 다른 성경 구절에서는 비가 내리는 계절에 모래가 아닌 반석 위에 집을 지으라고 가르친다.* 모래 위에 집을 짓지 말라고 경고한 이유는 무엇일까? 비가 오면 모두 쓸려 내려가기 때문이다.

누구나 부정적 측면을 다루는 방법을 배워야 한다. 부정적인 일을 그저 무시하지 말고 능숙하게 다루는 법을 배워라. 그러면 부정적인 상황을 피하는 방법을 찾아 계속 나아갈 수 있다. 부정성을 마주하면 당신에게 파고들어 재산을 빼앗아갈 게으름이나 질병 같은 다양한 문제를 인식할 수 있다. 당신은 외부의 적뿐만 아니라 내부의 적과도 싸워야

---

\* 마태복음 7장 24절~27절, 《영어표준역 성경English Standard Version》

한다. 따라서 부정적 측면을 다루는 방법을 배워라.

## 긍정적 측면

긍정적 측면을 설명하기 위해 당신의 인생이 바뀌는 날을 알려 주고자 한다. 인생이 바뀌는 계기에는 네 가지가 있다.

첫 번째는 혐오감이다. 혐오감은 부정적인 감정이지만 매우 긍정적이고 강력한 영향을 미칠 수도 있다. 혐오감은 이런 말로 표현된다. "참을 만큼 참았어. 더 이상은 못 참아!" 이런 감정이 든다면 그때가 매우 중요한 시기이다.

예를 들어, 나는 어떤 회사의 스카우트를 받아 부사장을 맡고 있는 놀라운 여성을 만난 적이 있다. 나는 그녀에게 물었다.

"어떻게 막대한 연봉을 받는 유력한 임원이 되셨습니까?"

그녀는 이렇게 답했다.

"아이가 어렸을 때 남편에게 10달러를 달라고 한 적이 있어요. 남편은 '왜 필요한데?'라고 물었죠. 저는 그날 결심했어요. 다시는 돈 달라는 말을 하지 않겠다고 말이죠. 그때부터 공부할 기회를 찾아 학교를 다녔고 일을 시작했어요. 지금은 부사장이 되어 많은 돈을 벌고 있습니다. 저는 제 약속을 지켰어요. 다시는 남편에게 돈을 달라고 요구하지 않아도 되니까요."

이것이 바로 인생이 바뀌는 날, '더 이상은 못 참아'라고 말하는 날이다.

혐오감에 행동을 추가할 수 있다면 혐오감도 당신에게 도움이 된다. 예를 들어, 한 남자가 산탄총으로 자동차 창문을 모두 날려 버리고 타이어도 전부 망가뜨렸다. 그는 100발의 탄환을 넣고 "이런 똥차는 이제 끝이야!"라고 말하며 총을 난사했다. 이후 그는 "당신은 어떻게 부유하고 영향력 있는 사람이 되었습니까?"라는 질문을 받으면 이렇게 답했다.

"이 차를 보세요. 어느 날 저는 이 차가 더 이상 참을 수 없이 혐오스러워서 산산조각 냈습니다."

이처럼 더 이상 참지 않는 것은 강력한 동기가 된다.

# 결정, 열망, 결심

†

두 번째로, 결정은 인생을 바꾼다. 앞으로 며칠 동안 결정해야 하지만 미루고 있던 일들의 목록을 모두 작성해 보라. 그다음 며칠을 더 들여 미뤄 왔던 일들을 모두 결정하라. 결단력 있게 모든 문제를 정리하면 앞으로 몇 년 동안 특별한 삶을 살 동기를 얻을 것이다. 인생을 바꾸는 날은 바로 당신이 스스로 결정할 수 있는 날이다.

세 번째, 열망은 무언가를 얻기 위해 적극적으로 나설 만큼 간절히 원하는 마음이다. 열망의 미스터리를 누가 알 수 있는가? 내가 아는 것은 열망이 어떤 계기를 만나거나 어떤 일이 일어나기를 기다릴 때도 있다는 것이다. 음악, 노래 가사, 영화, 대화, 세미나, 설교, 책, 경험, 대립, 친구와의 대화 등, 무엇이 계기가 될지 모른다. 어떤 경험이든 소중하다. 어떤 경험이 모든 상황을 뒤바꿀지 모른다. 따라서 모든 경험을 환영하기 바란다.

벽을 세우지 마라. 실망을 가로막는 벽은 행복 또한 가로막는다. 벽을 허물고 경험에 뛰어들어 배움의 기회로 삼아라.

네 번째, 결심은 모든 언어에서 가장 강력한 두 단어인 "나는 하겠다"를 의미한다. 영국의 총리를 두 번이나 역임한 벤저민 디즈레일리Benjamin Disraeli는 이렇게 말했다.

"정해진 목적이 있는 인간은 그것을 달성해야 하며, 자신의 존재까지 걸고 목적을 성취하려는 그 의지에 저항할 수 있는 것은 아무것도 없다. 나는 오랜 명상을 통해 이러한 확신에 도달했다."*

간단히 말하면 죽을 각오로 임하라는 말이다. 결심이란 무엇일까? 내가 들은 가장 좋은 정의는 캘리포니아 포스터 시티에서 한 여중생이 답변한 내용이었다. 나는 아이들에게 물었다.

---

* 벤저민 디즈레일리, "인생 경영에 대한 고찰Thoughts on the Business of Life", 〈포브스〉

"결심이 무슨 뜻인지 말해 볼 수 있는 사람?"

몇몇이 자기 생각을 말하는 가운데, 셋째 줄쯤에 앉아 있던 한 학생이 이렇게 말했다.

"저는 알 것 같아요. 결심이란 절대 포기하지 않겠다고 스스로에게 약속하는 것이라고 생각해요."

지금까지 들어본 것 중 가장 좋은 정의였다. 그 애는 아마 지금쯤 어딘가에서 훌륭한 세미나를 하고 있을 것이다.

당신이 되어야 할 사람이 되겠다고 결심하기 바란다. 실력을 향상시키는 책을 읽겠다고 스스로에게 약속하라. 이해할 때까지 세미나에 참석하고 경청하겠다고 스스로에게 약속하라. 개념을 이해할 때까지 멈추지 말고, 기술을 개발할 때까지 연습하라. 아무리 오래 걸려도 결코 포기하지 마라. 한 걸음씩, 한 조각씩, 한 권씩, 한 단어씩, 하루에 사과 한 개씩, 하루에 동네 한 바퀴씩, 그렇게 시작하라. 성장의 기회를 놓치지 말라. 배우고, 변화하고, 성장하고, 이룰 때까지 대가를 치르겠다고 결심하라. 그 대가를 치르면 인생 최고의 보물을 발견하게 될 것이다.

# 대화하라

†

끝으로 사람들의 인생을 돕고, 당신의 재능을 개발하기 위해 노력하라는 두 가지 당부를 전하고 싶다.

첫째, 사람들을 도울 때 업무나 직무 기술만이 아닌 그들의 인생을 돕는 법을 배워라. 책, 시, 위로의 말을 통해 사람들을 감동시키고 상대방의 이야기를 경청하여 마음을 움직여라. 의미 있는 이야기를 전할 기회를 놓치지 마라. 목표를 세우고, 꿈을 이루고, 미래를 계획하고, 실수를 바로잡도록 도와라. 자녀의 숙제뿐 아니라 생활에도 도움을 주어 잘 지낼 수 있게 보살펴라. 진심으로 경청하여 배우자의 문제를 도와라. 의미 있고 도움이 되는 대화를 통해 인생을 건설할 수 있도록 도와라.

둘째, 당신의 재능을 개발하기 위해 노력하라. 나는 이것을 가장 잘 실천하는 사람 중 한 명이다. "재능을 개발하기 위해 노력하면 그것이 너의 길을 넓게 하리라"*라는 성

---

* 잠언 18장 16절, 《새미국표준성경New American Standard Bible》

경 말씀을 믿기 때문이다. 당신의 재능을 파악하고 연마해서 발휘하면 목표 달성을 향해 성장하고 발전할 수 있는 길이 넓어질 것이다. 재능은 당신의 삶을 향상시킬 뿐만 아니라 당신을 다른 사람들에게 가치 있는 존재로 만들어 줄 것이다.

## 네 가지 질문

†

이제 논의를 마무리하기 위해 다음의 네 가지 질문을 생각해 보기 바란다.

1. 그렇게 하는 이유가 무엇인가?

2. 그렇게 못할 이유는 무엇인가?

3. 당신이 그렇게 못할 이유가 무엇인가?

4. 지금 그렇게 못할 이유는 무엇인가?

첫 번째 질문은 '그렇게 하는 이유가 무엇인가?'다. 아이들은 종종 '왜?'라고 묻는다. 아주 좋은 질문이다. 스스로에게 다음과 같이 질문하라. 그렇게 일찍 일어나는 이유가 무엇인가? 그렇게 열심히 일하는 이유가 무엇인가? 그렇게 많은 책을 읽는 이유가 무엇인가? 그렇게 많은 친구를 사귀는 이유가 무엇인가? 그렇게 멀리 가고, 그렇게 많이 벌고, 그렇게 많이 나누고, 그 모든 규율을 스스로에게 부과하는 이유가 무엇인가?

이제 알겠는가? '그렇게 하는 이유가 무엇인가?'는 훌륭한 질문이다.

위 질문에 이어지는 최고의 대답은 두 번째 질문인 '그렇게 못할 이유는 무엇인가?'다. 당신은 인생에서 무엇을 할 것인가? 얼마나 멀리 갈 수 있는지, 얼마나 많이 벌 수 있는지, 얼마나 많이 읽을 수 있는지, 얼마나 많이 나눌 수 있는지 알아보지 못할 이유가 무엇인가? 당신이 어떤 사람이 될 수 있는지, 얼마나 멀리 갈 수 있는지 알아보지 못할 이유가 무엇인가? 당신은 성공할 때까지 이 자리에 머물러야 한다. 그런데 못할 이유가 무엇인가?

세 번째 질문은 여기서 더 나아가 '당신이 그렇게 못할 이유가 무엇인가?'라고 묻는다. 제한된 조건으로 시작해서 가장 놀라운 일을 해낸 사람들이 있는데 당신은 못할 이유가 무엇인가? 성공해서 모든 것을 이룬 사람들이 있는데 당신은 못할 이유가 무엇인가? 당신이 스코틀랜드의 산 위로 피어오르는 아침 안개를 감상하거나 런던의 역사에 흠뻑 빠지거나 스페인의 신비를 탐험하지 못할 이유가 무엇인가? 당신이 파리의 아기자기한 노천카페에서 점심을 먹지 못할 이유가 무엇인가? 베르사유 궁전을 산책하는 것만큼 좋은 일은 없다. 언젠가는 당신도 모나리자를 직접 관람해 보면 좋을 것이다.

당신이 카리브해의 범선을 타지 못할 이유가 무엇인가? 그곳에서 2주를 보내면 모든 걱정을 잊게 될 것이다. 나는 호주에서 가장 아름다운 조개껍데기가 어디에 있는지 당신에게 알려 줄 수 있다. 당신이 그곳에 가지 못할 이유가 무엇인가? 당신이 뉴욕 5번가에서 쇼핑을 하거나 5성급 호텔에 머무르거나 고급 레스토랑에서 아펠 슈트루델apple strudel 에 얇게 썬 거위 구이를 곁들여 먹지 못할 이유가 무엇인 가? 잠시 애리조나에 들려 석양을 바라보며 술을 마시고, 바닷가를 조용해 산책하며 규율 있게 노력한 결과를 누리 는 놀라운 기분을 느껴 보라. 심장박동을 통해 삶의 의미를 느끼고 이해하는 당신인데 그렇게 못할 이유가 무엇인가?

마지막은 행동의 열쇠가 되는 '지금 그렇게 못할 이유는 무엇인가?'라는 질문이다. 왜 더 나은 미래를 미루는가? 오 늘 당장 시작하라. 새로운 책을 읽고, 새로운 계획을 세우 고, 새로운 목표를 설정하라. 새로운 질문을 던지고, 새로 운 결심을 추구하고, 새로운 노력을 기울여라. 지금 당장 이 모든 것을 실행하라.

# 말씀에서 도움을 얻어라

†

다른 한 가지는 신의 도움을 구하는 것인데, 이 책은 종교
서적이 아니기 때문에 다소 이상하게 들릴 수도 있다. 나
는 개인적으로 인간이 특별한 존재라고 느끼지만, 약간의
도움이 필요하다고도 생각한다. 물론 이것은 양방향 관계
다. 우리가 우리의 역할을 다한다면 신도 신의 역할을 다
할 것이다.

지금까지 우리는 우리의 역할에 초점을 맞추었다. 이제
신의 역할을 살펴보자. 돌무더기가 가득한 땅을 2년 만에
멋진 정원으로 바꾼 남자가 있었다. 사람들은 이 정원을
보러 멀리서 찾아왔다. 어느 날 한 남자는 이 정원을 보고
멋지다고 생각했다. 하지만 그는 정원사에게 모든 공을 돌
리고 싶지 않았다. 그는 많은 사람이 인생에서 신을 고려
하지 않는다고 강하게 느끼고 있었다.

그래서 그 남자는 정원을 돌아본 뒤 정원사를 만나자
악수를 건네며 이렇게 말했다.

"당신과 선하신 주님께서 함께 이 아름다운 정원을 만드셨군요."

정원사는 그가 주장하는 바를 이해하고 이렇게 답했다.

"맞습니다. 햇빛과 비, 씨앗과 흙과 계절의 기적이 없었다면 정원은 존재하지 않았을 겁니다."

그리고 이렇게 덧붙였다.

"하지만 2년 전, 주님께서 혼자 모든 것을 맡고 계실 때 이곳이 어땠는지 보셨어야 합니다."

나는 정원사의 말이 옳다고 생각한다. 우리는 우리가 가진 모든 것을 이용해 최대한의 결과를 만들어 내는 도전에서 절대적으로 중요한 역할을 하고 있다.

이제 우리가 함께해 온 아이디어의 향연이 막바지에 이르렀다. 지금까지 살펴본 아이디어들을 소화한다면 부와 행복, 두 가지를 모두 얻고자 하는 평생의 열망을 충족할 수 있을 것이다. 기본 원리의 철학적 측면과 이론적 측면을 충분히 살펴보았으니 여기에 항상 뒤따라야 하는 활동, 연습, 노력에 참여하기를 권한다. 다시 말해서, 당신이 배우고 공유한 모든 것을 적극적이고 치열하게 적용하기 바란다. 지금 바로 시작하라고 당부하고 싶다.

# 당부

†

- 주변 사람들과의 관계를 돌아보아라.
- 목표를 세우고 당신을 발전시키기 위해 탐구하라.
- 계획에 따라 재정적 독립을 추구하라.
- 더 나은 인생을 꿈꾸고 당신의 인생을 즐겨라.
- 당신의 가치가 높아지도록 늘 지적 발전을 염원하라.

이 중 어느 한 가지도 빼놓지 말고 모든 부분에 노력을 기울여라. 실행하는 것보다 생각하는 것이 더 쉽다. 성취하는 것보다 약속하는 것이 더 쉽다. 결과를 내는 것보다 거짓으로 꾸미는 것이 더 쉽다. 행동하는 것보다 계획하는 것이 더 쉽다. 하지만 생각과 실행, 약속과 성취, 계획과 행동은 당신을 특별한 삶으로 이끌 것이다.

쉬운 일만 하지 말고 당신이 추구하는 목표를 달성하는 데 실제로 필요한 일을 하기 바란다. 오늘부터 기본에 충실하고 스스로에게 헌신하라. 분명 그만한 가치가 있는 결과를 얻을 것이다.

이 책의 저자로서 마지막 당부를 전한다. 주저하지 말고 놀라운 일을 해내라!

**정답은 이미 내 안에 있다**
철학이 있는 삶이
성공을 만든다

**초판 1쇄 발행** 2024년 10월 16일

**지은이** 짐 론
**옮긴이** 유지연
**펴낸이** 민혜영
**펴낸곳** 오아시스
**주소** 서울특별시 마포구 월드컵로14길 56, 3-5층
**전화** 02-303-5580 | **팩스** 02-2179-8768
**홈페이지** www.cassiopeiabook.com | **전자우편** editor@cassiopeiabook.com
**출판등록** 2012년 12월 27일 제2014-000277호

ⓒ 짐론, 2024
**ISBN** 979-11-6827-230-9 (03190)